Les prêcheurs de l'apocalypse

Du même auteur

La Santé rationnée ?, Economica, 1981

La Santé intouchable : enquête sur une crise et ses remèdes, Lattès, 1996

Santé, pour une révolution sans réforme, Gallimard, « Le Débat », 1999

La Qualité des soins en France, Éditions de l'Atelier, « Horizons santé », 2000

Carnet de santé de la France en 2000, Syros, 2000

Le Carnet de santé de la France 2000-2002 : rapport, Economica, 2002

La Santé mentale des Français, Odile Jacob, 2002

La Crise des professions de santé, sous la dir., Dunod, 2003

Carnet de santé de la France 2003, Dunod, 2003

L'Hôpital vu du lit, Seuil, 2004

Santé et territoires : carnet de santé de la France 2004, avec Henri Picheral, Dunod-Mutualité française, 2004

La Régulation des dépenses de santé, Association d'économie financière, « Revue d'économie financière », n° 76, 2004

L'Hôpital, PUF, « Que sais-je ? », 2005

Carnet de santé de la France 2006 : économie, droit et politiques de santé, sous la dir., Dunod, 2006

Jean de Kervasdoué

Les prêcheurs de l'apocalypse

*Pour en finir avec les délires écologiques
et sanitaires*

PLON
www.plon.fr

ISBN : 978-2-259-20438-5

À Solen, Diane, Ysée et Hélie, mes petits-enfants.

Introduction

> « Les faits ne pénètrent pas dans le monde
> où vivent nos croyances, ils n'ont pas fait
> naître celles-ci, ils ne les détruisent pas ; ils
> peuvent leur infliger les plus constants
> démentis sans les affaiblir... »
>
> Marcel Proust,
> *Du côté de chez Swann.*

Je suis un fatigué de l'apocalypse, qu'elle soit religieuse
ou écologique. Élevé par les prêtres du diocèse de Saint-
Brieuc dans les années 1950, je me suis rendu compte
assez jeune que la masturbation ne rendait pas systématiquement sourd et que les péchés que nous devions confes-
ser chaque semaine n'ouvraient pas immédiatement les
portes de l'enfer. Plus tard, une formation en écologie et
une passion pour les questions de santé m'ont rendu assez
peu sensible aux imprécations de ceux qui s'affublent, le
plus souvent en toute illégitimité, du qualificatif d'écologiste[1] ou d'expert en santé publique. Les surenchères sur
les conséquences sanitaires de Tchernobyl me navrent[2],

---

1. Nous verrons qu'ils le sont bien mal.
2. Elles sont suffisamment dramatiques pour ne pas en rajouter.

la recherche d'un bouc émissaire ministériel après la canicule de 2003 m'attriste, les commentaires des journalistes sur la dioxine, le nitrate ou les OGM me font sourire quand ils ne me mettent pas en rage, les allers et retours en Inde du porte-avions Clemenceau me paraissent bien onéreux pour les distractions que procure ce va-et-vient, l'inscription du principe de précaution dans la Constitution française me semble une insulte à la raison, quant à la recherche de l'éternelle jeunesse de mes contemporains elle m'inquiète comme le ferait une multiplication de clones de Faust issus des recherches du docteur Knock.

Oui, des pays entiers courent de véritables dangers : il suffit de regarder ce qui se passe aujourd'hui en Afrique. Oui, Bhopal et Tchernobyl furent d'indéniables catastrophes humaines et écologiques. Oui, des hommes sont morts trop jeunes pour avoir travaillé dans des mines d'amiante, et d'autres, à peine plus vieux, pour avoir été mineurs de fer ou de charbon. Oui, je comprends que personne ne veuille mourir pour un steak. Oui encore, la grippe aviaire m'inquiète car elle pourra être dangereuse le jour où le virus aviaire s'humanisera, mais en attendant j'achète du poulet et, dans le même registre, j'ai savouré un steak tartare le jour où la Grande-Bretagne fut contrainte de dévoiler ses turpitudes en matière de viande bovine. Certes elle avait autorisé l'exportation de carcasses d'animaux atteints d'encéphalopathie spongiforme[3], ce qui n'est pas bien, mais les prions, fussent-ils anormaux, ne se trouvent pas dans la viande rouge (le muscle). Acheter de l'eau en bouteille sous prétexte que celle du robinet recèle des traces de nitrates est aussi inutile que coûteux : les nitrates sont aussi « naturels » qu'inoffensifs. Les traces de dioxine dans un produit alimentaire, même quand

---

3. La maladie dite de la « vache folle ».

elles dépassent d'une centaine de fois les normes euro-péennes autorisées, n'ont rien d'inquiétant. Les OGM du règne végétal, mieux connus que la plupart des plantes « naturelles », ont le plus souvent été sélection-nés pour réduire l'épandage de pesticides de plein champ, produits indéniablement toxiques, mais les OGM ne le sont pas. En revanche, les organismes géné-tiquement modifiés posent la question très sérieuse de la propriété du vivant. Faut-il tout confondre ?

Chaque jour, je suis surpris par la masse considérable d'informations touchant la santé et son aspect inquiétant, inutile, inadapté, ridicule au point d'être drôle si cette désinformation n'était pas aussi dangereuse. Quand les présentateurs du journal télévisé parlent des OGM, j'ai l'impression d'apprendre que Mars attaque. Les idées fausses deviennent des lieux communs et les idées folles des conseils thérapeutiques avisés.

L'appréciation des risques individuels et collectifs en matière de santé est profondément distordue par une méconnaissance de la biologie humaine et de la santé publique. Une enquête européenne datant de quelques années indiquait que les Français étaient les plus mal informés dans ce domaine et donnaient seulement en moyenne une bonne réponse sur cinq à un questionnaire élémentaire portant sur l'environnement et la santé humaine.

Comment distinguer s'il faut, ou non, se préoccuper de la dioxine, de l'amiante, du prion (vache folle), des OGM du règne animal et du règne végétal, des engrais, des pesticides, de la pollution atmosphérique, de la grippe aviaire, du nuage de Tchernobyl ?

Certains de ces risques spécifiques sont préoccupants (la grippe aviaire), d'autres le sont plus encore pour l'avenir de l'espèce humaine, comme de la planète (le réchauffement de l'atmosphère, la biodiversité...), en revanche certains ne sont des risques que pour une partie infime de la population[4] et d'autres, catalogués comme des risques, sont avant tout des bienfaits : l'insuline humaine qui traite les diabétiques est produite par un OGM. Le Téléthon s'intéresse aux manipulations génétiques, l'Église catholique vient seulement de s'en apercevoir.

Par ailleurs peu de nos concitoyens comprennent que la santé n'est pas la médecine et que la médecine n'est pas la santé. Il a fallu attendre 1930 pour que la médecine curative commence à avoir un impact sur la santé, aujourd'hui cet impact est substantiel – merveilleuse nouveauté – mais n'explique que 15 % à 20 % de la croissance de l'espérance de vie des Occidentaux. Certes, la médecine réduit les souffrances de tous mais demeure impuissante pour traiter, par exemple, les conséquences de l'obésité ou de l'alcoolisme. Si le traitement de certains cancers a progressé (la plupart des cancers « liquides »), pour beaucoup d'autres les progrès sont très minimes et la thérapeutique parfois plus dangereuse que le mal. Le succès extraordinaire des antibiotiques n'a pas été répété et d'ailleurs, pour ce qui le concerne, on peut craindre un retour en arrière du fait de la résistance de souches de bactéries et de la faible probabilité de faire dans ce domaine de nouvelles découvertes.

« La vie est une maladie sexuellement transmissible 100 % mortelle », rappelait toujours Archie Cochrane[5]. Au cours de l'année 2004, l'espérance de vie des Français à la naissance a gagné 11 mois, c'est considérable. La prévention ne fait que reculer notre mort, elle n'induit que très rarement des économies car les hommes et les femmes en bonne santé vivant plus vieux se soignent

---

4. Ce qui ne veut pas dire qu'il ne faille pas s'en préoccuper.
5. Archie Cochrane, qui fut notamment professeur à l'Université Collège de Londres, a plaidé la cause de la rigueur en médecine et démontré que seuls les essais cliniques randomisés apportaient une preuve indiscutable ; tout le reste était sujet à caution.

pendant ces années gagnées et finissent par mourir d'une maladie de la dégénérescence, tout aussi onéreuse pour la Sécurité sociale qu'un cancer du poumon.

De combien augmenterait l'espérance de vie des Français si par un hasard heureux plus personne ne mourrait de cancer ? La réponse est : ... douze mois. Les cancéreux meurent plus jeunes que les autres (en moyenne cinq ans), 20 % de la population meurt du cancer donc : douze mois.

Les Français mènent leur vie comme si le médecin était un garagiste et qu'à chaque panne il était possible de trouver une solution. Cette croyance, plus commune dans les pays catholiques que dans les pays protestants, conduit à des dépenses inutiles et, plus grave encore, à de nombreuses désillusions. Il a toujours été très dangereux de vivre, ce n'est cependant pas une raison de s'inquiéter : les privilégiés que nous sommes devenus vivent plus longtemps et sont moins dépendants. Pour combien de temps ?

1

Écologie humaine – écologie planétaire : le conflit

> « Ce bon sens est une intuition toute locale qui dérive d'expériences non précises ni soignées, qui se mélange d'une logique et d'analogies assez impures pour être universelles. La religion ne l'admet pas dans ses dogmes. Les sciences chaque jour l'ahurissent, le bouleversent, le mystifient. [...] Il n'y a pas de quoi se vanter d'être la chose du monde la plus répandue. »
>
> Paul VALÉRY,
> *Réflexions mêlées.*

Si l'on a la malchance d'être russe ou africain au sud du tropique du Cancer, on peut avoir la nostalgie du passé : le monde d'aujourd'hui est pire que celui d'hier au sens où la vie moyenne y est plus courte que dans les années 1960. Pour les autres humains, et en particulier les riches Européens, Japonais, Australiens, Néo-Zélandais et Nord-Américains, aujourd'hui est meilleur qu'hier. Les hommes de ces pays ont réussi à se fabriquer un monde qui leur est favorable, si l'on en juge par la très exceptionnelle croissance de leur espérance de vie à tout âge. Oui, l'écologie humaine s'est améliorée pour certains. Les générations nées après la Deuxième Guerre mon-

diale n'en ont pas conscience, mais elles sont les premières à ne plus avoir froid[1]. En France, depuis une vingtaine d'années, grâce à la climatisation qui se systématise,
il est également possible de ne plus avoir chaud. Les
humains se protègent de la nature, de ses insectes, de son
eau polluée, des serpents vénéneux, des tremblements de
terre... Si quelques rats et cafards cohabitent avec les
hommes, ils ne sont guère visibles et activement pour-
chassés. Quant à l'alimentation, ces hommes-là n'ont
jamais connu ni une telle diversité, ni une telle abon-
dance au point d'en crever parfois, mais ceci est une
autre histoire.

L'environnement immédiat de cet homme privilégié du
XXIᵉ siècle est conçu pour lui éviter les surprises
fâcheuses des années sèches, des inondations, des retours
de chasse sans gibier, des pêches infructueuses, des
attaques de sauterelles, des épidémies de peste ou de
choléra. Il vit dans un cocon qui le protège, provisoirement tout au moins. Certaines journées d'été, il est déli-
cieux d'assister à la rencontre fortuite d'écologistes, aussi
militants qu'urbains, et de guêpes aussi naturelles qu'atti-
rées par la viande des repas servis en plein air. J'en ai vu
– des écologistes – quitter la table, dérangés par cet
hyménoptère pourtant essentiel à l'équilibre écologique.
La nature oui, mais à condition qu'elle soit totalement
apprivoisée et que les animaux, en général, et les insectes,
en particulier, ne viennent pas butiner dans votre assiette.

L'homme donc se protège de la nature, c'est cette protection même qui l'a jusqu'ici favorisé. Toutefois, il est

---

1. Ce n'était pas vrai pour tous, au moins jusqu'à la fin des années 1960. Le
collège Saint-Joseph, à Lannion, dans ce qui était encore les Côtes-du-Nord, et
où je passai treize années de ma scolarité, n'était pas chauffé. On s'habituait au
froid et aussi à l'odeur des classes et études « surveillées ». La douche n'avait
lieu qu'une fois par semaine et les couverts étaient le plus souvent nettoyés dans
la serviette sauf, s'il m'en souvient, deux repas par semaine où nous avions le
droit de les passer sous l'eau !

temps de se demander si cet anthropocentrisme ne fait pas de l'homme le cancer de sa planète et si, à l'instar des tumeurs proliférantes, il ne va pas finir par tuer son hôte. Pourtant, « les bonnes planètes sont dures à trouver[2] ».

Le chauffage, en brûlant des énergies fossiles, accroît l'effet de serre, le réchauffement du climat, provisoire ou pas, favorise la vente de climatiseurs et, à son tour, augmente la consommation d'énergie et le rejet de gaz carbonique. La déforestation des zones tropicales a les mêmes conséquences climatiques que la consommation d'énergie fossile[3] et, de surcroît, réduit la diversité des espèces vivantes du règne animal ou végétal. L'écologie humaine est donc en conflit avec l'écologie planétaire. Ce qui est bon pour l'homme est souvent mauvais pour la planète. Certes certaines solutions expérimentales existent. Par exemple, une architecture très économe en énergie s'invente en Europe du Nord et offre de belles et bonnes maisons. Mais rien ne me semble être à la mesure des forces considérables qui poussent à ce que la tendance principale des cinquante dernières années s'inverse, pour l'instant c'est le contraire qui se produit : elle s'accélère. Je ne vois pas ce qui arrêterait chez les Chinois ou les Indiens un désir d'automobile, d'avion, de climatiseur, de chauffage, de maison individuelle... Je n'imagine pas que l'habitat américain, composé pour l'essentiel de maisons dispersées[4] le long des côtes est, sud et ouest, des lacs et des fleuves, puisse se transformer en habitat urbain à l'instar de la vieille Europe dont les villes ont été construites à une époque où l'énergie était très onéreuse et les modes de déplacement limités par la force muscu-

---

2. Slogan écologiste américain des années 1960.
3. Ce sont des énergies, si j'ose dire, récemment fossiles qui, par ailleurs, quand elles brûlent, dégagent de la dioxine.
4. Il faut donc de l'énergie pour les chauffer et de l'énergie pour s'y rendre, le plus souvent en automobile, faute de transports en commun.

laire de l'homme et celle de quelques animaux domesti-
qués.

Les errances de l'écologie politique m'indignent parce
que, le plus souvent, elles sont contredites par des faits.
Fausses donc, elles orientent la collectivité vers des investissements inutiles. Les intentions du plus grand nombre
de ces écologistes sont louables, cela ne les empêche pas
d'être mal placées. Je ne crois pas, par exemple, que la
transformation des rues de Paris conduise à une baisse
significative de la consommation d'énergie[5] dans notre
capitale – travaux compris – et, si tel était le cas, l'impact
sur l'effet de serre serait minuscule[6]. Pour ce qui est de la
pollution atmosphérique, certes elle continue de baisser à
Paris, mais il en est ainsi de toutes les grandes villes et de
tous les pays riches de l'hémisphère Nord que l'on soit en
Europe, en Amérique ou au Japon. Paris ne se distingue
ni par la rapidité ni par l'ampleur de la baisse de la pollution atmosphérique ou de sa production de gaz à effet de
serre. Enfin, et c'est plus grave, on peut se demander si
l'on n'a pas échangé des morts « statistiques[7] » par des
morts réels : entre 2005 et 2006 les accidents corporels
dus à la circulation augmentent de 7,8 % (7 339 à 7 916)
à Paris et les accidents mortels de 19 % (54 à 64)[8].
D'autres politiques pourraient être menées pour réduire
la contribution de la ville à l'effet de serre, même si l'on
souhaite éviter le péage[9]. Par exemple, pour commencer
par une mesure simple, le code de l'urbanisme comprend

---

5. J'ai recherché, sans le trouver, un bilan énergétique global de cette vaste
opération.
6. En revanche, si le même effort avait été consacré aux handicapés, Paris
serait devenu pour eux une autre ville.
7. Nous expliquons dans le chapitre suivant que les morts « statistiques »
sont ceux qui résultent de calculs et modèles souvent discutables.
8. Ces chiffres proviennent de la préfecture de police de Paris.
9. Il n'est toutefois pas certain que les mesures actuelles ne soient pas plus
discriminatoires qu'un péage mais, là encore, je n'ai pu trouver aucune étude. Il
est vrai que ce qui compte en politique, ce sont les principes !

dans le calcul des surfaces constructibles[10] l'épaisseur des murs, tout promoteur est donc incité à rechercher des murs aussi fins que possibles et, ce faisant, à accroître ultérieurement le chauffage et la climatisation. La rigidité des règles de travail conduit aux embouteillages et autres phénomènes des heures de pointe. L'abaissement de la durée du travail a accéléré la transformation des habitudes de vacances des urbains qui s'étaient déjà profondément modifiées depuis 1990 : 44 % de la mobilité quotidienne est devenue une mobilité de loisir, elle se fait essentiellement en automobile. La consommation d'énergie d'une ville est inversement proportionnelle à sa densité d'habitants au kilomètre carré, si donc on souhaite agir de manière cette fois significative, est-il impensable de « réinventer[11] » Paris en absorbant la première couronne et en imaginant un urbanisme à la fois dense et globalement économe en énergie à effet de serre, pour ne pas dire « durable » ? Quatre-vingt-quinze pour cent de l'électricité française produite ne rejette aucun gaz à effet de serre. Paris pouvait donc envisager plutôt, à l'instar de certaines villes chinoises, l'installation de bornes électriques. Leur généralisation permettrait de remplacer en quelques années les scooters actuels par des scooters électriques – aux trois quarts nucléaires donc – à la fois non polluants et silencieux, mais il est vrai que ce serait une reconnaissance implicite du bienfait de cette énergie...

Pour revenir aux questions de santé, je ne sais ce qui permet, à certains médecins ayant pignon sur rue, de dire des contrevérités aussi ouvertement remises en cause. « Notre mauvaise santé est la facture que nous devons

---

10. La surface hors œuvre net : la SHON.
11. Éric Hazan, *L'Invention de Paris*, Le Seuil, Paris, 2002. Cet ouvrage aussi passionnant qu'érudit, montre comment Paris a crû par croissance concentrique et brutale à chaque fois qu'il se donnait des nouvelles murailles. La dernière, le périphérique, n'est plus périphérique de rien d'autre que de la frontière qui sépare un ghetto de riches des autres.

payer pour la pollution que nous générons, a lancé le cancérologue Dominique Belpomme, figure de proue du mouvement[12]. [...] L'enfant est en danger, confirme Belpomme. La plupart des nouveau-nés sont déjà contaminés par près de 200 substances chimiques[13]. [...] Tant que l'on ne prendra pas l'environnement en compte, le plan cancer en France sera un échec[14]. » Quelle « mauvaise » santé ? L'espérance de vie aurait-elle subitement cessé de croître ? Si tel était le cas, d'où proviennent ces chiffres ? Des traces infimes de produits chimiques, découvertes parce que les appareils de mesure sont de plus en plus sensibles, sont-ils pathogènes à ces doses ? Est-il envisageable de se passer des 30 000 produits chimiques autorisés aujourd'hui dans l'Union européenne, notamment de ceux qui permettent de nettoyer les sols, les cuisines et le linge, de décaper les fours ou les boiseries ? Non, bien entendu, même si, à l'évidence, certains de ces produits, à commencer par le plomb dans la peinture, ont fait des ravages. De telles allégations n'ont aucun fondement, comme le précise le professeur Jean-François Bach, médecin, secrétaire perpétuel de l'Académie des sciences[15]. « S'agissant du problème plus général de la cause des cancers, aucune étude sérieuse ne peut affirmer la responsabilité de la pollution hormis le cas qui vient d'être discuté, de l'amiante et celui des rares cancers d'origine professionnelle. De très nombreuses études épidémiologiques ont analysé le rôle éventuel des polluants chimiques du sol (notamment les pesticides), de l'eau ou de l'air mais aussi d'éléments physiques très divers tels

---

12. Il s'agit de l'Appel de Paris et de réunions tenues à l'UNESCO en 2004 et en novembre 2006.

13. Ce n'est pas parce que l'on peut mesurer la présence d'une molécule que celle-ci est nécessairement toxique.

14. Alexandra Schwartzbrod, « Alarme pour une santé durable », *Libération*, vendredi 10 novembre 2006.

15. Il est aussi membre de l'Académie de médecine.

que les lignes à haute tension, les téléphones portables et les antennes. À l'exception de quelques rapports isolés non confirmés, aucune corrélation significative n'a été démontrée[16]. »

Les hommes d'aujourd'hui auraient-ils plus à redouter de la technologie que de la nature ? Pour répondre à cette question, tentons de mettre de l'ordre dans les relations de l'espèce humaine à son environnement.

L'homme et son environnement

Pour 1 à 3 milliards des hommes d'aujourd'hui, les questions d'environnement n'évoquent pas le comptage des papillons un après-midi d'été ou la vie des ours dans les Pyrénées, mais concernent la diarrhée des enfants empoisonnés par l'eau du puits ou de la rivière, le repas des semaines à venir alors que les greniers sont vides, la maladie de la mère qui a du mal à respirer ou celle du frère qui meurt du sida. La guerre, la famine, les épidémies demeurent les causes essentielles des morts prématurées, des années de vie perdues, des enfants abandonnés sur la planète. La nature tue autrement plus que la technique qui, seule, permet qu'autant d'hommes vivent sur terre. On estime à 3 millions le nombre d'Indiens qui vivaient en Amérique du Nord au moment des premières conquêtes espagnoles. Les habitants des États-Unis et du Canada sont cent fois plus nombreux aujourd'hui et l'agriculture nord-américaine pourrait nourrir à elle seule plus de six milliards d'hommes.

Le terme d'« environnement » a acquis en France une connotation qui évoque un retour à la « nature », conno-

---

16. Jean-François Bach, « Environnement et santé – Idées reçues et réalités scientifiques », par le Secrétaire perpétuel de l'Académie des sciences, séance solennelle du 28 novembre 2006.

tation absente de l'écologie scientifique. Pour distinguer les questions qui touchent à l'écologie humaine, empruntons à Michel Lamy, professeur à l'université de Bordeaux, la notion d'« enveloppe ».

Chaque homme est entouré de plusieurs « enveloppes » : une enveloppe individuelle (sa peau, ses vêtements), une enveloppe sociale (maison, ville, pays) et une enveloppe globale (la planète) ; certaines de ces enveloppes sont artificielles, d'autres sont naturelles. Chaque enveloppe modifie les relations de l'homme et de l'environnement. Tout homme est né quelque part, tout homme a un pays mais l'enveloppe « pays » ne lui donnera pas partout la même protection et modifiera son « environnement ». Pour chaque Français, et même chaque résident légal du territoire national, l'environnement « France » lui ouvre les portes du système de santé, lui garantit la paix, le plus souvent l'ordre, de l'eau propre, un ramassage des ordures, de l'air de moins en moins pollué, des produits alimentaires sains, une éducation... Ce n'est pas le cas de la majorité des pays de l'Afrique noire ou de l'Amérique latine. L'homme, par ailleurs, est la seule espèce à pouvoir modifier son environnement et, ce faisant, à modifier les grands équilibres de la planète. C'est à ce titre que les Français sont directement intéressés par l'évolution de la pollution atmosphérique en Chine ou aux États-Unis. L'homme modifie la biosphère et réduit la biodiversité en Afrique, en Indonésie, au Brésil.

Dans son rapport sur la santé dans le monde de 2002, l'Organisation mondiale de la santé (OMS) classe les dix principaux facteurs de risque sanitaire[17] pour trois catégories de pays : les pays « en développement[18] » à forte

---

17. Les auteurs parlent de « charge en morbidité » !
18. C'est moi qui mets les guillemets car je ne suis pas certain que ces pays-là soient en développement.

mortalité, les pays en développement à faible mortalité, les pays développés.

Pour la première catégorie de pays, les plus pauvres, ceux où l'espérance de vie à la naissance est inférieure à soixante ans, les cinq premiers facteurs sont :

L'insuffisance pondérale	14,9 %
Les pratiques sexuelles dangereuses	10,2 %
Les carences en zinc, fer et vitamine A	9,9 %
L'eau non potable, l'absence d'égouts et d'hygiène	5,5 %
La fumée de combustible solide dans les habitations	3,5 %

Un quart[19] des maladies proviennent donc du fait que les habitants de ces pays ne mangent pas à leur faim et, quand ils mangent, leur nourriture est carencée. Soulignons par ailleurs l'importance de l'hygiène de l'eau et celle de l'utilisation du bois de chauffage comme combustible domestique. Les problèmes majeurs de santé de ces personnes à l'écart des bienfaits de ce que la société moderne peut apporter proviennent de ce que leur environnement direct est justement tout ce qu'il y a de plus « naturel ». La nature sans engrais nourrit peu d'hommes et souvent les nourrit mal car elle offre peu de diversité dans la source de nutriments. Certaines grandes villes d'Afrique d'aujourd'hui, c'est Paris au temps de la Révolution française : peu d'eau, des égouts limités et qui débordent à la première pluie. L'environnement est « naturel », certes, mais plus adapté aux mouches qu'aux hommes !

Pour les pays développés le même tableau donne les cinq premiers facteurs suivants :

---

19. Nous verrons plus loin que ces pourcentages ne peuvent pas en toute rigueur s'additionner, il ne s'agit donc que d'un ordre de grandeur.

Le tabagisme[20]	12,9 %
L'hypertension artérielle	10,9 %
L'abus d'alcool	9,2 %
L'hypercholestérolémie	7,6 %
L'excès de poids corporel	7,4 %

« Le monde vit dangereusement soit parce qu'il n'a guère le choix, soit parce qu'il a fait le mauvais choix », conclut ce même rapport de l'OMS. Le jeu de mots de ce commentaire met sur le même pied les facteurs de ces deux tableaux. Il oublie, ce faisant, l'essentiel, à savoir que les facteurs des pays riches (alcool, tabac...) tuent plus lentement (plusieurs lustres) que ceux (malnutrition, sida, dysenterie..) des pays pauvres. En outre, ce commentaire comporte une forte connotation hygiéniste. Au nom de quoi cette organisation peut-elle prétendre que le choix de ceux qui fument, mangent et boivent plus que de raison est « mauvais » ? Au nom de la santé certainement, mais « mauvais » tout court, le mauvais de « mauvais choix », implique que seule l'hygiène définirait la « bonne » et la « mauvaise » vie. La tentation totalitaire n'est pas loin et en le lisant je pensais à un ancien grand joueur de football professionnel, semble-t-il ruiné à la cinquantaine après avoir gagné beaucoup d'argent. À un journaliste qui lui demandait ce qu'il avait fait de sa fortune, il répondit : « La moitié, je l'ai dépensée à boire, manger, faire la fête avec des copines et des copains, jouer... le reste je l'ai gaspillé ! » Mauvais choix ?

Remarquons ensuite qu'aucun des facteurs de ce dernier tableau n'a à voir avec l'environnement, mais avec des choix individuels, même si nous admettons que

---

20. Le cancer du poumon est la première cause de mortalité, et de loin, de tous les pays développés. À consommation identique il frappe presque deux fois plus les femmes que les hommes mais, curieusement, elles en meurent moitié moins ; source : JAMA, 11 juillet 2006.

beaucoup d'entre eux peuvent être fortement orientés par l'industrie. Il existe par ailleurs, en dixième position de ce même classement réalisé pour les pays développés, une indication des conséquences fâcheuses de la carence en fer : elle induirait 0,7 % des maladies de ces pays. Cette carence se développe en effet, notamment chez les femmes, parce qu'elles ne mangent plus assez de viande rouge[21], conséquence directe des modes végétariennes diffusées par le mouvement hippie il y a quarante ans et, plus récemment, de la crise de la « vache folle » qui a fait croire que la viande bovine était dangereuse pour la santé. Non seulement elle ne l'est pas (certains abats de certains animaux peuvent l'être), mais elle est bénéfique aussi. Ce n'est pas l'environnement qui est ici en cause, mais les peurs écologistes qui ont donc des effets tangibles sur la santé avant d'en avoir sur l'économie, les tribunaux et l'essence même de nos démocraties.

Les dérives de l'écologie politique : premier aperçu

Le clivage introduit en politique par le mouvement écologique n'est ni de droite ni de gauche même si, en ce moment, il incline plutôt vers ce dernier côté. La discipline scientifique, branche de la biologie d'où il tire son label, l'écologie, ne nous apprend pas grand-chose non plus sur les prises de position politiques de ces partis. L'écologie, en tant que discipline scientifique, n'est pas plus politique que le marxisme ne fut scientifique. L'analyse des faits par la méthode scientifique, où rigueur, modestie et prudence sont de mise, ne se transpose pas dans l'ordre des valeurs et de l'action, l'ordre de la politique[22]. Le discours des

---

21. Ceci ne veut pas dire qu'il faille en manger beaucoup.
22. Jean de Kervasdoué, « Risques et écologistes », *Libération*, vendredi 11 juin 1993.

écologistes a souvent l'apparence d'un raisonnement scientifique qui serait empiriquement fondé. Par essence ce changement d'ordre, le passage du scientifique au politique, est une usurpation.

Ce que l'on a jusqu'à présent appelé « progrès » est donc avant tout une lutte contre la « nature ». La nature c'est le froid, la pluie, la sécheresse, les parasites, nous venons de le voir. Le sort commun de tous les hommes, jusqu'au début du XXᵉ siècle, fut la disette, sinon la famine[23]. Elle continue à sévir dans les pays du tiers-monde. Les produits naturels ne sont pas bons par essence : ciguë, opium et cocaïne sont très « naturels », leur origine peut être garantie 100 % végétale ! Ces substances ne sont pas pour autant sans dangers. *A contrario*, c'est l'adjonction à dose mesurée d'un produit très toxique – l'eau de Javel – qui a permis l'amélioration de la qualité de l'eau, le premier facteur dans l'amélioration de l'espérance de vie au XIXᵉ siècle !

Le mouvement écologique a réussi à diffuser des croyances et à imposer des réglementations sans fondement. Quand ces règlements ne sont pas respectés, la presse s'en empare et vient nourrir de très réelles inquiétudes. En outre, cela permet aux écologistes de mettre en exergue des « déviances » qu'ils ont eux-mêmes fabriquées. Citons-en quelques-unes avant de revenir plus tard aux manières dont sont construits ces pseudo-risques modernes.

Pour démontrer la fragilité scientifique des croyances écologiques dont on nous rebat les oreilles à longueur d'années, il n'y a que l'embarras du choix. Prenons quelques exemples.

« Les données historiques, l'expérimentation animale, l'expérimentation aiguë humaine, et l'épidémiologie per-

---

23. Pour prendre un exemple européen, la famine irlandaise due à la maladie de la pomme de terre date de à peine plus d'un siècle.

mettent de conclure que la consommation de nitrates est inoffensive chez l'homme sans limite de dose[24]. » Pourtant, l'eau est jugée « polluée » si la teneur en nitrates dépasse 50 mg par litre, mais « on trouve des nitrates dans toutes les plantes comestibles : approximativement 2 g par kilo dans la laitue, les épinards, la betterave[25]. » Autrement dit, en mangeant 25 g de laitue on ingère autant de nitrates qu'en buvant un litre d'eau soi-disant « polluée ». Des personnes sans grands moyens continuent toutefois d'acheter des eaux de source en bouteille alors qu'elles dépenseraient moins, pollueraient moins (il faut détruire les bouteilles de plastique), se fatigueraient moins et ne nuiraient pas à leur santé, ni à celle de leurs enfants en ouvrant leur robinet, et ingèrent des nitrates en mangeant des légumes ou du jambon prédécoupé et emballé sous plastique : les nitrates sont de très bons conservateurs.

Les dioxines sont des sous-produits de fabrication des composés chlorés de la chimie organique et apparaissent durant toutes les combustions en présence de chlore, notamment la combustion de certains plastiques qui permettent de fabriquer des bouteilles d'eau. Rien n'est simple ! « Il s'agit par ailleurs d'un cancérogène de faible puissance chez l'homme comme l'indique l'ensemble de bonnes études citées plus haut, Seveso y compris[26]. » Selon les institutions, les doses journalières « tolérables », il s'agit de tolérance administrative et pas médicale, varient de 0,006 picogramme par kilo et par jour (norme de l'« Environmental Protection Agency, américaine) à

24. Marian Apfelbaum, « Nitrates dans l'eau de boisson », in *Risques et peurs alimentaires*, sous la direction de Marian Apfelbaum, Odile Jacob, Paris, 1998.
25. *Op. cit.*, note 3.
26. « Les dioxines : intoxication ou vrai problème ? », entretien avec Marie-France Renou-Gonord, Denis Bard, Hubert de Chefdebien, *La Jaune et la Rouge*, juin-juillet 1999.

10 picogrammes[27] par jour (norme canadienne). Autrement dit, la dose tolérée est 1 666 fois plus importante au Canada qu'aux États-Unis.

La crise européenne, dite du « poulet belge », née du fait qu'en 1999 des personnes malveillantes déversèrent des fûts de dioxine dans de l'aliment pour volaille, fit pendant plusieurs semaines la une de tous les médias. Certes, il est frauduleux et criminel d'écouler un produit toxique, même faiblement, par l'alimentation du bétail. Fallait-il arrêter cette fraude et poursuivre les fraudeurs ? Certainement. Fallait-il abattre les poulets qui s'étaient nourris de cette substance ? Peut-être, et vraisemblablement d'abord pour des raisons commerciales. Courait-on un danger en mangeant chaque jour plusieurs kilos de ces poulets ? Rien ne permet de l'affirmer ou de penser que, ce faisant, on courait un risque quelconque. En effet, on ne le sut qu'après, pour atteindre la dose toxique il fallait pendant un an manger chaque jour 18 kilos de poulets nourris de cet aliment frelaté et ne rien éliminer ! Épreuve qui aurait conduit à mourir de poulet avant de mourir de dioxine.

Il n'y a pas que la dioxine qui soit, à certaines doses, cancérigène, ainsi le poivre, la moutarde... mais à des doses journalières tellement élevées qu'il ne vaut pas la peine de s'en préoccuper.

Dans l'affaire belge, tous les journaux ont souligné que les traces de dioxine décelées dans la chair des poulets de certains élevages dépassaient les normes. Ce n'est que huit jours après le début de la crise que le journal *Le Parisien*, à ma connaissance avant ses concurrents, a essayé de répondre à la question de l'éventuelle toxicité

---

27. Un picogramme ce n'est vraiment pas grand-chose et aucun produit, même le plutonium, poison extrêmement violent, n'est directement toxique pour l'homme à cette dose : il s'agit en effet non pas d'un millionième de gramme, ce qui ne serait pas beaucoup, mais d'un millionième de millionième de gramme ce qui est à peine plus que rien, à moins de croire en l'homéopathie.

de ces fameux poulets, la seule question qui vaille pour le consommateur. L'explication était brumeuse, pour ne pas dire incompréhensible, mais le sujet était traité, mais mal, huit jours après.

Cette référence à la règle, à la norme, qui l'emporte sur l'analyse objective des faits s'applique aussi au domaine sensible par excellence : le nucléaire. Au printemps 1998, le Premier ministre de l'époque, Lionel Jospin, a dû personnellement intervenir pour traiter de la question des wagons de la Cogema qui portaient des traces de radioactivité, faute d'avoir été nettoyés de manière appropriée. Le non-respect d'une procédure est certaine-ment condamnable, mais nécessite-t-elle l'intervention personnelle du Premier ministre faisant penser que l'ensemble de la population française courait un danger immédiat ? En fait, dans ce cas précis, en dormant pen-dant toute une vie dans ces wagons « contaminés », l'irra-diation eût été moindre qu'en habitant certaines parties de la Bretagne qui produisent « naturellement » un gaz radioactif, le radon, ou en vivant à 1 000 mètres d'alti-tude, car plus on s'éloigne du niveau de la mer, plus faible, et donc moins protectrice, est la couche d'air. Les rayons cosmiques sont donc moins arrêtés et les habi-tants plus irradiés. Il n'y a rien de plus « naturel » que le rayonnement nucléaire même si, comme pratiquement tout[28], à certaines doses il est dangereux et à d'autres mortel. Les wagons de la Cogema n'étaient pas des bombes atomiques, mais des conteneurs mal nettoyés, ce qui est regrettable mais ne revêt, à ce degré de malpro-preté toute relative, aucun caractère de gravité.

La pollution atmosphérique est un phénomène qui date de la révolution industrielle. Elle diminue, grâce à

---

28. La réglementation interdit de mettre sur le marché des produits mortels à 50 fois la dose d'usage courant. L'eau serait donc interdite : essayez d'en boire 50 litres en une journée !

de très nombreuses mesures prises en matière de chauffage, de rejets des fumées industrielles dans l'atmosphère, de contrôle de gaz d'échappement des véhicules automobiles. D'importants progrès, dans ce domaine, sont encore attendus. Il faut s'en féliciter. Cela nécessite-t-il que chaque Français, chaque jour, soit informé d'un indice de pollution qu'il est incapable d'interpréter et dont il ne peut tirer que peu de conséquences pratiques, faute de pouvoir s'arrêter de respirer ou de s'enfuir à la campagne à la moindre alerte, ce qui, d'ailleurs, très vraisemblablement, augmenterait encore la pollution atmosphérique ? Le niveau de pollution qui conduit à imposer la circulation alternée est analogue à celui atteint, dans une cuisine fermée, au bout d'une heure de cuisson au gaz dont les effets pathogènes restent à démontrer. La pollution atmosphérique, même quand elle dépasse le niveau 3, a très vraisemblablement beaucoup moins d'effets pathogènes que le printemps : en effet, à cette saison éclosent les fleurs qui produisent du pollen qui, en se disséminant, cause de nombreuses, et parfois graves allergies. À ma connaissance, personne n'a proposé d'abattre tous les arbres de nos villes pour éviter cette épidémie qui m'atteint chaque année, comme beaucoup d'autres. Pourquoi ne pas s'intéresser aussi aux pollutions « naturelles » ? Pour ce qui est des dangers pathogènes de traces d'ozone dans l'atmosphère, il s'agit d'une « pitrerie écologique », pour reprendre les mots du professeur Derenne[29]. Quant au réchauffement de la planète, dont nous pensons qu'il est véritablement préoccupant, il n'a cependant pas encore permis à la Terre d'atteindre, en l'an 2006, la température moyenne qu'elle avait en l'an... 1000[30] !

---

29. Voir *Le Canard enchaîné*, 19 août 1998.
30. Michel Godet, « Réchauffement climatique ou perte de mémoire ? », *Le Monde*, 28 août 1998.

L'importance collective attribuée à certains phénomènes est totalement disproportionnée par rapport à d'autres, plus menaçants. Si l'on s'intéresse vraiment à la santé publique il faudrait publier quotidiennement le nombre d'accidents de la route, le taux d'infections hospitalières, les ventes de cigarettes et d'alcool, le taux de suicide ou l'extension dramatique de l'épidémie du sida à tout le continent africain... Si l'on est préoccupé par l'avenir de l'Europe, ne conviendrait-il pas d'afficher le taux de natalité de l'Allemagne et de l'Italie du Nord, qui faute de descendance, « auront peut-être un héritage mais plus d'héritiers », pour reprendre la formule de Michel Godet qui ajoute : « On parle beaucoup des bébés phoques, mais assez peu des Italiens, or 43 % de ceux-ci auront disparu en 2050. »

L'intolérance écologique se construit à partir de généralisation et de changement d'ordre de grandeur dans le raisonnement ; le plus fréquemment utilisé en la matière consiste à attribuer des effets à faible dose à des produits ou des phénomènes qui, à ces niveaux, sont très vraisemblablement inertes.

Pour bâtir les normes en vigueur, nous le verrons plus en détail, les pays occidentaux partent d'études réalisées chez les souris et les généralisent à l'homme ; de plus, l'hypothèse selon laquelle la toxicité serait linéaire est généralement implicitement admise, autrement dit on pense qu'un produit dont la toxicité est démontrée à une dose de 100 est toujours toxique à une dose de 1, il le serait simplement 100 fois moins. Notre expérience journalière démontre que cette hypothèse souffre au moins quelques exceptions : en biologie, « mille fois un » n'est pas toujours l'équivalent d'« une fois mille[31] ». La petite

---

31. Jean de Kervasdoué, *Santé, pour une révolution sans réforme*, Gallimard, Paris, 1999.

illustration qui suit montre en effet que, en biologie, on ne peut pas toujours tout additionner.

Si donc, étant debout, vous vous lâchez sur les pieds, l'un après l'autre, mille poids de un gramme, cet exercice long et fastidieux vous agacera certainement, mais vous fera moins mal que si vous lâchez, de la même hauteur, une fois, un poids de un kilogramme.

La lumière à forte intensité peut rendre aveugle, d'où les précautions prises au moment des éclipses de soleil par la lune ; certains lasers peuvent tuer, ce qui ne veut pas dire qu'allumer l'électricité en rentrant à la maison soit dangereux, or c'est ce que voudraient nous faire croire de très nombreux règlements. « Seule la dose fait le poison », remarquait Paracelse il y a plusieurs siècles, vérité semble-t-il oubliée aujourd'hui.

De plus, rappelons que la plupart des études de toxicologie sont faites sur la souris et que l'extrapolation de la souris à l'homme pose de sérieux problèmes : « Cette approche suppose une série de postulats, dont il est extrêmement peu probable qu'ils soient vérifiés, comme celui qu'exposer un homme de soixante-dix kilogrammes pendant cinquante ans à un milligramme de dioxine soit équivalent à exposer dix mille souris de trois cent cinquante grammes à la même dose pendant un an, qu'exposer deux cents souris à cinquante milligrammes est l'équivalent d'en exposer dix mille à un gramme[32]. » On pourrait aussi ajouter à cette énumération l'hypothèse que la physiologie de ces sympathiques rongeurs soit toujours précisément la même que celle des humains.

Ces remarques impies ne remettent-elles pas en cause ce qui devrait être la règle politique absolue en matière de santé publique : le fameux « principe de précaution » ? La réponse est à l'évidence positive. Oui, il est

---

32. Lucien Abenhaïm, « L'observable et le non-observable dans le risque alimentaire », in Marian Apfelbaum, *op. cit.*, note 3.

urgent de le remettre en cause : ce principe est aussi absurde que dangereux. « Quand on demande si l'utilisation au long cours d'un aliment dont aucune caractéristique n'indique qu'il pourrait être néfaste n'aboutira pas néanmoins à des méfaits trente ans après, naturellement aucun scientifique ne peut répondre : pour paraphraser le grand philosophe des sciences Karl Popper, qui établit qu'une des bases de l'énoncé scientifique est sa réfutabilité, l'inconvénient d'une affirmation non scientifique est qu'elle est par essence irréfutable[33]. » Nous y reviendrons avec toute l'argumentation que mérite cette dramatique errance de la pensée contemporaine[34] où les intellectuels doutent de tout et le reste de la population croit en la voyance, en l'astrologie ou en l'existence de maisons hantées, et pas seulement en Écosse !

Les plantes issues du génie génétique, organismes génétiquement modifiés, sont plus étudiées, et donc vraisemblablement moins dangereuses, que les autres plantes « naturelles » dont certaines sont peu ou pas connues, ou celles issues de la sélection classique. Il est toutefois impossible de démontrer que, un jour, elles ne seront *jamais* toxiques. « Envisager l'action publique face à un risque sur la base d'une hypothèse non infirmée expose surtout à devoir se contenter de bénéfices imaginaires, tandis que ses coûts, eux, sont immédiats et réels. [...] Une telle attitude ignore donc délibérément le rapport bénéfice/risques sans lequel aucun système de santé ne pourrait fonctionner... si le principe de précaution se présente comme une réponse, c'est avant tout une réponse à nos peurs face aux risques, plus qu'aux risques eux-mêmes. [...] Ce ne serait pas la moindre ironie de l'Histoire que de revenir, à travers l'obsession sécuritaire,

---

33. Axel Kahn, « Génie génétique, agriculture et alimentation : entre peurs et espoirs », in Marian Apfelbaum, *op. cit.*
34. Pas celle de Karl Popper, bien entendu.

à l'impuissance qui caractérisait il y a peu encore, notre système de santé publique[35]. » C'est effectivement ce qui est en train de se produire.

Pour en terminer avec quelques évocations de cette intolérance écologique, avant d'en analyser les conséquences et d'essayer de comprendre pourquoi elle renforce sa prise sur les sociétés occidentales, ouvrons quelques portes ouvertes mais qui, pour certains, apparaissent, semble-t-il, toujours fermées. L'interdiction de la chasse conduirait à une prolifération inacceptable pour les agriculteurs, les forestiers et... les automobilistes, des grands mammifères : biches, cerfs, chevreuils, sangliers. L'introduction des ours et des loups dans certaines régions de France n'a plus rien de « naturel », sauf à prétendre que l'homme ne fait pas partie de la nature. Il n'y a rien de plus artificiel qu'une futaie de chênes ou de hêtres : elle nécessite pour exister l'attention de forestiers pendant plus d'un siècle. L'homme ne peut pas entrer dans une forêt primitive[36], y compris en zone tempérée, sans machette ou autre débroussailleuse pour tracer son chemin. La nature ne nous attendait pas ! Engrais, pesticides et sélection génétique ont triplé en un demi-siècle la productivité de l'agriculture et permis aux Occidentaux de ne plus avoir pour quasi unique souci celui de se nourrir, de vivre dans des villes, de bénéficier d'une alimentation variée, d'allonger très sensiblement la durée de leur passage sur Terre...

Les conséquences des lubies précautionneuses des écologistes politiques pourraient paraître mineures. Elles ne le sont pas. Commençons par celles qui, sans être négligeables, sont de moindre importance.

---

35. Michel Setbon, « L'action publique face aux risques sanitaires : responsabilité et incertitude », *Revue française des affaires sociales,* n° 1, mars 1999.

36. Une forêt « primitive » est une forêt qui n'a jamais été exploitée par l'homme. Il n'en existe plus, depuis longtemps, en France. Outre dans les régions tropicales, on en trouve encore aux États-Unis ou au Canada.

L'attention que la société, et donc les médias, attache à certains risques contribue à en négliger d'autres tout aussi importants. Une étude américaine, vieille d'une vingtaine d'années, montrait ainsi que **pour éviter la mort d'une personne**[37] **par accident de la route, il fallait investir 10 000 dollars, et 1 milliard de dollars pour le même résultat : 1 vie sauvée, dans l'industrie nucléaire.**

L'amiante est une roche métamorphique qui s'est cristallisée en fine fibre. Elle n'est, sous forme de roche, ni plus ni moins dangereuse qu'un morceau de granit, elle n'irradie pas, elle n'empoisonne pas. Elle n'est donc ni poison radioactif, ni poison chimique, même si, comme tout caillou, l'amiante est indigeste. Sa structure physique particulière, associée au fait que les roches métamorphiques ne fondent qu'à très haute température, en font un isolant efficace. On a alors pensé la tisser, la projeter, l'inclure dans du ciment et ainsi fabriquer des matériaux qui résisteraient au feu. Mais l'extraction de ce minerai, la préparation de produits industriels à base d'amiante et, plus tard, leur lente détérioration rejettent dans l'atmosphère des fines fibres qui, inhalées, viennent comme des micro-aiguilles se ficher dans la paroi du poumon. Quand ces fibres sont trop nombreuses, le corps a du mal à les éliminer toutes et il a été constaté que ces fibres induisaient, au-delà d'une certaine dose, à moyen ou long terme, chez ceux qui avaient pendant longtemps respiré de l'air chargé de ces fibres, un cancer particulier de la plèvre. Les méfaits de l'amiante, à forte dose, sont connus depuis 1898 mais, jusqu'au début des années 1970, on pensait qu'en protégeant les personnes à risque, le bénéfice de l'usage de cette fibre était très supérieur aux risques encourus. L'incertitude sanitaire ne porte que sur la question de la dose pathogène. D'autres substances, de même nature, sont tout aussi dangereuses à

---

37. Jean de Kervasdoué, *op. cit.*, note 10.

forte dose pour ceux qui les respirent. Les mineurs du fer, plus encore que les mineurs de charbon, étaient atteints de silicose et, non protégés, mouraient tôt de maladies respiratoires. Aujourd'hui encore, comme l'indique l'Annexe 12, dans une Europe à quinze, les mines de charbon sont à l'origine de 2 955 décès et les mésothéliomes après inhalation de poussières d'amiante de 1 433.

La décision prise par le président de la République, Jacques Chirac, d'enlever tous les revêtements d'amiante de la faculté de Jussieu à Paris a coûté au budget de l'État plus d'un milliard d'euros, soit au moins vingt fois plus que l'ensemble du budget national annuel de l'éducation pour la santé. Ne pouvait-on pas protéger le personnel et les étudiants de Jussieu en empêchant l'amiante de devenir pulvérulente ? L'investissement aurait été très inférieur et la différence aurait pu être investie dans des actions de santé publique, infiniment plus efficaces[38]. De telles mesures sont donc à la fois injustes – certains risques sont mieux protégés que d'autres – et inefficaces : l'argent public pourrait être mieux utilisé.

Les consommateurs, et notamment les plus modestes, orientent leur consommation vers des produits d'utilité réelle nulle, l'eau plate[39] en bouteille par exemple, nous l'avons dit. Ils n'analysent pas toujours de manière appropriée l'affichage des dates de péremption et jettent des produits tout à fait mangeables, beurre et yaourt par exemple[40], car ils confondent date limite de vente et produit impropre à la consommation. En outre, je doute que, comme moi, ils puissent interpréter certains labels : que veut dire exactement qu'un œuf mérite le qualificatif

---

38. Bien entendu ce type de critique présuppose que le budget de l'État n'est pas infini, hypothèse, jusqu'à ce jour, confirmée.
39. On peut aimer les bulles de gaz carbonique !
40. Beurre un peu rance et yaourt acide n'ont jamais tué personne !

de « biologique[41] » ? Les autres, les non-biologiques, sont-ils synthétiques, mécaniques, artificiels ?

Plus sérieusement, toute cette réglementation donne aux consommateurs une fausse sécurité : ce n'est pas parce qu'un produit alimentaire est sain que l'alimentation d'une personne est saine. Trois fois plus d'habitants des États-Unis que de Français sont obèses. Leur obésité s'est constituée à partir de produits très réglementés, ils n'en sont pas moins gros et sujets à toutes les pathologies associées au surpoids. Leur espérance de vie est d'ailleurs très sensiblement inférieure à la nôtre, même si la propreté des Français et la pureté bactériologique de leurs aliments n'est pas toujours, loin s'en faut, exemplaire.

Les politiques propagent le mythe du risque zéro en réglementant encore, en réglementant toujours, déplaçant ainsi le risque et aliénant une partie grandissante de la population qui ne se sent plus responsable de la conséquence de ses actes.

Dans cette intolérance écologique, il y a des arguments anciens et des débats aussi vieux qu'Ésope, ou même plus vieux encore, pour reprendre le très humoristique ouvrage de Roy Lewis et ses discussions imaginées d'australopithèques s'interrogeant sur les conséquences dévastatrices du progrès de l'époque : la maîtrise du feu[42]. Les écologistes sont des conservateurs et certains de leurs arguments ne datent pas d'hier.

Dans le domaine de l'alimentation, Marian Apfelbaum avance une hypothèse biologique intéressante sur laquelle se serait bâtie « une superstructure culturelle » pour expliquer une prudence souvent peu rationnelle. « Tous les omnivores, les rats, les cochons, les hommes

---

41. Bien entendu, il y a une réglementation qui autorise l'usage de ce label, mais est-ce le bon ?
42. Il faut lire à ce sujet le merveilleux roman de Roy Lewis, *Pourquoi j'ai mangé mon père*, Actes Sud, 2000.

sont caractérisés par la néophobie, c'est-à-dire une méfiance à l'égard de tout aliment qu'ils ne connaissent pas, et il leur faut un apprentissage social avec transmission entre générations pour fixer l'éventail des choses mangeables. [...] Or notre système social n'a rien de rassurant pour les néophobes que nous sommes demeurés. [...] L'avenir des risques alimentaires est donc radieux. [...] Comme tout aurait été plus simple si nous étions des herbivores sachant de toute éternité que l'herbe est bonne à manger et qu'elle est seule à l'être[43]. » Nous cherchons des protections, nous nous fabriquons des interdits pour limiter nos choix et le mouvement écologique peut simplement s'appuyer sur la pensée magique pour satisfaire cette recherche très profondément ancrée de sécurité alimentaire.

Axel Kahn évoque, à son tour, trois types de fondement à l'opposition au génie génétique mais qui pourrait s'appliquer à l'ensemble des thèmes choisis par les écologistes. Il y aurait d'abord chez certains « une opposition radicale et de principe au génie génétique, considéré comme une intromission "impie" dans l'ordre naturel voulu par Dieu et sacralisé ». Il y aurait ensuite, condamné par d'autres, « un asservissement croissant de l'agriculture au monde industriel, des pays du Sud aux pays du Nord et, plus généralement, du monde entier aux grandes multinationales dominées par l'impérialisme américain ». Enfin, et notamment en France, « la crainte de l'"apprenti sorcier", créant des monstres dont il ne saura garder la maîtrise, incapable de garantir la sécurité à long terme de ce qu'il entreprend[44] ». Il est certain que les scandales du sang contaminé et de l'hormone de croissance donnaient déjà des arguments aux tenants de cette opinion mais que « l'exaspération a atteint son

---

43. Marian Apfelbaum, *op. cit.*
44. Art. cit.

comble avec la catastrophe de la vache folle et du passage possible de son agent infectieux à l'homme ».

Les écologistes semblent vouloir faire croire que l'homme pourrait maîtriser le monde qu'il a contribué à créer en en transformant certaines de ses composantes, mais personne n'en a jamais été l'architecte.

Le seul comportement rationnel serait-il le retour en arrière ou le refuge dans une inaction engendrée par l'incontinence bureaucratique des différentes « précautions » qui s'imposent à tout responsable qu'il soit politique, chef d'entreprise, médecin ou ingénieur ? Notre avenir serait dicté par la recherche bien vaine de la conservation d'une « nature » mythique et l'abandon de toute notion de progrès à l'heure où le génie génétique, notamment, expose à des dangers mais est aussi promesse de richesses[45].

Mais, et là est le conflit, l'innocuité pour l'homme n'implique pas l'absence d'impact des mêmes substances pour la nature. Si les nitrates ne sont d'aucun danger pour l'homme, leur présence dans l'eau des rivières et des lacs favorise le développement de la végétation aquatique : trouvant les composés chimiques qui conviennent à sa prolifération[46], elle consomme l'oxygène dissous dans l'eau et élimine une partie de la vie aquatique, les poissons, coquillages et autres crustacés mourant faute d'oxygène ; c'est ce que l'on appelle l'eutrophisation des rivières et des étangs. Elle conduit également à la prolifération d'algues vertes malodorantes, sur les plages bretonnes notamment.

---

45. Il est d'ailleurs assez amusant de remarquer que le maïs transgénique, qui peine à obtenir son autorisation en Europe, a pour caractéristique principale d'être résistant à certains parasites et que la manipulation génétique a donc eu pour objectif premier de limiter l'usage de pesticides !

46. Pour se développer, tout végétal a besoin de nitrate, de phosphate et de potassium.

La construction des villes accroît le ruissellement des eaux pluviales.

La croissance de la population dans les zones semi-arides contribue au lessivage des sols car, pour cuire les aliments ou nourrir lapins et volailles, les femmes[47] vont chercher bois mort et herbe verte et éliminent ainsi progressivement la mince couche végétale protectrice. La terre arable disparaît, les fleuves débordent en saison des pluies et l'eau, faute de s'être infiltrée quand elle était abondante, ne les nourrit plus en saison sèche.

La pollution atmosphérique, même légère, favorise le développement des pluies acides et limite le développement des espaces forestiers qui néanmoins croissent plus vite, quand il y a de l'eau, du fait de la montée de la température moyenne annuelle. L'utilisation intensive de l'énergie, dans le domaine sanitaire notamment, contribue au réchauffement de la planète...

Le discours écologique pense atteindre son objectif en nous laissant croire à un danger immédiat, or le plus souvent, il n'y a pas danger mais bienfait pour la santé d'une forte consommation d'énergie pour se chauffer ou se climatiser[48], dans l'utilisation généreuse de détergents pour nettoyer sols et plafonds ou dans la protection que garantissent les emballages. Peut-être les écologistes ne se sentent-ils pas suffisamment armés pour traiter des questions purement écologiques et légitimes, pour s'intéresser à la déforestation ou à la pollution atmosphérique, cette fois du point de vue de la nature et non plus de celui des hommes. Prétendre que les intérêts de l'homme et de la planète convergent à court terme est faux et dangereux. Les bons sentiments ne rendent pas compte du change-

---

47. Ce sont rarement les hommes !
48. Une des conséquences de la canicule de l'année 2003 n'a-t-elle pas été de recommander l'installation d'une pièce « rafraîchie » dans les institutions accueillant des personnes âgées ?

ment de civilisation qu'impose, notamment, une utilisation parcimonieuse de l'énergie.

Si nous voulons véritablement être écologistes, il faut convaincre les gouvernements concernés de garder en l'état la forêt équatoriale. Il faut réduire les pêches industrielles destructrices dans tous les océans de la planète. Il faut contrôler le chauffage hivernal et taxer l'usage des climatiseurs. Il faut favoriser, au moins pendant quelques décennies, l'énergie nucléaire, la seule à ne pas produire de gaz carbonique[49]. Il faut donner des sources d'énergie aux habitants du Sahel pour limiter, si c'est encore possible, la destruction de la maigre végétation qui garde un semblant de sol. Il faut favoriser l'habitat groupé en Amérique du Nord. Il faut très fortement taxer partout toute source productrice de gaz carbonique ou de méthane.

Le danger écologique ne vient pas tant de telle ou telle substance connue et maîtrisée mais d'un effet système, d'un basculement brutal d'un équilibre écologique dont on jouit toujours et dont on pense encore qu'il sera éternel. Le changement d'état, s'il se produit, sera soudain et, avant que ne se trouve une autre forme d'équilibre, des bouleversements inimaginables auront lieu et s'accompagneront de drames mettant en cause tout ou partie de l'espèce humaine. Dans ces égarements collectifs, dans ce déplacement de la cible – l'homme plutôt que la planète –, le débat sur le risque nucléaire est exemplaire par sa désinformation, sa malhonnêteté, l'ampleur des manipulations, mais avant de nous y pencher, voyons l'état de santé de certains pays, puis comment sont fabriquées les statistiques sanitaires, évalués les risques et bâties les normes, voyage instructif chez Ubu technocrate.

---

49. Il en faut pour fabriquer des éoliennes ou des piles photovoltaïques.

2

Bienheureux les riches !

« Être mort, y a pas que ça dans la vie. »

Il vaut mieux être riche et puissant si l'on veut être en bonne santé : les pauvres aussi sont malades. Ce constat s'applique aux individus mais d'abord aux pays eux-mêmes. Leur histoire se lit avec une particulière acuité dans les statistiques d'espérance de vie. En regardant le dernier siècle, ce simple chiffre dit l'ampleur des drames. Ainsi l'Ukraine n'a pas tant souffert de la catastrophe de Tchernobyl que de la destruction méthodique par Staline, en 1932 et 1933 – exemple extrême, en dehors des périodes de guerre, d'élimination méthodique d'une population. Alors que l'espérance de vie était dans cette république soviétique de 45 ans en 1927, elle n'est plus que de 9,1 ans en 1933 ! Oui, moins de 10 ans[1] ! On imagine les drames humains que dissimule ce chiffre : la famine, la dysenterie, les personnes agonisantes abandonnées sur le bord des routes...

Indicateur des malheurs des sociétés humaines, l'espérance de vie signale aussi leur réussite et les bienfaits de

---

1. France Meslé et Jacques Vallin, *Mortalité et causes de décès en Ukraine au XXᵉ siècle : la crise sanitaire dans les pays de l'ex-URSS*, Ined, 2003.

ce qu'il est convenu d'appeler le progrès social car le bien-être économique, à lui seul, ne suffit pas : les États-Unis, nous le verrons, illustrent cette réserve. Les Français en revanche continuent de jouir d'une exceptionnelle croissance moyenne de leur passage sur Terre, époque unique de leur histoire dont rien ne dit qu'elle sera éternelle.

La santé des Français est donc bonne, elle est même excellente pour ceux qui ont la chance d'être de sexe féminin. Il convient certes d'attribuer ces résultats remarquables à la qualité des soins médicaux prodigués en France, mais là n'est pas l'essentiel : nous venons de voir que la part qui revient à la médecine dans la croissance de l'espérance de vie des Occidentaux est de l'ordre de 15 % à 20 %. Le lecteur peu habitué à ces chiffres en sera surpris, **le spécialiste de l'histoire de la médecine se souviendra que les hommes n'ont eu plus de chance d'être soignés en allant voir un médecin que n'importe qui d'autre qu'après... 1930.** Autrement dit, l'influence de la médecine curative sur la santé était nulle, zéro, il y a à peine trois quarts de siècle[2]. Certes les médecins, les hôpitaux, les cliniques existaient avant la Seconde Guerre mondiale mais ils accompagnaient, ils soulageaient plus qu'ils ne soignaient. Ils continuent d'ailleurs, et c'est leur grandeur, de jouer ce rôle que l'on a tendance à occulter, croyant en l'omnipotence de la médecine et pensant qu'ayant toujours l'espoir justifié d'être guéri, cet espoir ne sera jamais déçu. Les Français le savent inconsciemment. Ils expriment leur sentiment de profonde reconnaissance en plaçant en tête des professions les plus appréciées celle d'infirmière et, pas loin d'elle, la profession médicale, saluant ainsi leur humanité respective et l'importance qu'elles jouent dans leur vie.

---

2. Le professeur Jean Bernard estimait qu'il convenait plutôt de retenir 1945 !

Médecins et infirmières soignent, certes, mais d'abord accompagnent dans leurs épreuves et tentent de réduire les souffrances de nos concitoyens. À l'évidence, ils le reconnaissent.

La santé n'est pas la médecine, la médecine n'est pas la santé. Si la médecine contribuait seule à l'amélioration de la santé[3], les États-Unis jouiraient, et de loin, de la meilleure santé au monde : en effet, en dollars par habitant et par an, leurs dépenses annuelles dites « de santé[4] » sont pratiquement le double, 1,8, de celles des Français, et 2,4 fois celles des Britanniques[5]. Or les Américains vivent moins longtemps que les Britanniques et encore moins que les Français – presque 3 ans pour l'espérance de vie à la naissance. Plus remarquable encore, le tiers le plus riche des Américains vit moins longtemps que le tiers le plus pauvre des Anglais et ces différences s'accroissent même si les États-Unis dépensent toujours plus. Dépenser de plus en plus d'argent dans le système médical est loin d'améliorer la santé en due proportion. En outre, si la médecine seule expliquait les variations de l'état de santé, les Bretons et les habitants du Nord-Pas-de-Calais iraient se faire soigner à Toulouse ou à Montpellier car les indicateurs de santé y sont très sensiblement meilleurs.

La médecine n'est pas la santé. Une partie des activités médicales importantes, voire très importantes pour les hommes, n'a que pas ou peu d'impact sur la santé *stricto sensu.* Qu'il s'agisse de traitement contre la douleur, de maîtrise de la procréation, de l'impuissance masculine,

---

3. Il est évident, une fois encore, qu'elle y contribue. Pour les 600 000 femmes qui, dans le monde, sont mortes en accouchant l'année passée, la médecine, si elle avait été accessible, aurait été la santé. Pour les personnes qui vivent avec le VIH, la médecine c'est la santé et l'absence de médecine la mort assurée. La médecine, c'est la vaccination, le traitement des diarrhées et des infections respiratoires...

4. Il s'agit pour l'essentiel de dépenses médicales.

5. Voir le graphique de l'Annexe 1.

de la chirurgie esthétique, leurs bienfaits tangibles n'ont pas d'impact sur l'espérance de vie.

Les hommes souhaitent, pour la très grande majorité d'entre eux, que leur passage sur Terre se prolonge[6]. Ils désirent également rester autonomes, aussi, dans la comparaison de la santé des populations, on mesure l'espérance de vie sans handicap, ce qui ne veut pas nécessairement dire sans maladie. Les soixante dernières années du XXe siècle furent celles d'un progrès continu, exceptionnel et véritablement spectaculaire de tous les indicateurs de santé y compris de celui-là. Double bonne nouvelle donc : **les Français, plus âgés aujourd'hui qu'hier, sont aussi moins dépendants !** La dépendance moyenne était de douze mois par Français en 1970, elle est de neuf mois aujourd'hui[7].

On vit plus vieux au début du XXIe siècle que jamais au cours de l'histoire de l'humanité. Entre 1940 et 2000, les Français ont gagné 22 années d'espérance de vie à la naissance, c'est-à-dire plus qu'au cours du siècle précédent (16 années entre 1840 et 1940) ; quant au XVIIIe siècle, l'espérance de vie à la naissance n'y était pas très différente de celle de certaines périodes de l'Empire romain ! Cette tendance ne s'arrête pas avec le passage au XXIe siècle car, entre 2000 et 2004, en incluant donc l'année de la canicule (2003), l'espérance de vie a augmenté en France métropolitaine de 2,5 années. Le record a même été atteint en 2004 : 11 mois de gagnés, du jamais vu.

Si donc l'on mesurait la richesse des nations par la santé de leurs habitants, on aurait sur les pays un regard

---

6. C'est la raison pour laquelle nous prendrons comme indicateur de l'état de santé de la population l'espérance de vie, soit à la naissance soit à d'autres âges qui nous paraîtront importants pour étayer nos arguments.

7. Les trois paragraphes suivants ont été tirés d'un article publié par *Le Monde*, 20 mai 2005, les chiffres de l'année 2005, publiés depuis, ont été utilisés.

différent de celui donné par le taux de croissance de la production intérieure brute qui est devenu le premier, sinon le seul, indicateur de la réussite d'une nation. Ce réductionnisme consensuel a été dénoncé depuis long-temps pour des raisons à la fois techniques et philoso-phiques : le PIB ne donne en effet que quelques pauvres indications des revenus globaux et de l'épargne annuels des habitants d'un pays. La production inté-rieure brute ne tient compte ni de la paix, ni de la jus-tice sociale et les questions d'environnement lui sont totalement étrangères. En outre, la suprématie de cette manière unidimensionnelle de concevoir le progrès pré-suppose une philosophie consumériste et utilitariste du bonheur des nations : les hommes ne seraient sur terre que pour produire afin de consommer plus et de possé-der davantage encore. En revanche, l'espérance de vie permet de comparer les pays dans le temps et dans l'espace, et autorise un regard nouveau sur leurs évolu-tions récentes.

Le choix de ce critère se justifie tout d'abord par une raison logique qui aurait plu à M. de la Palice, mais qu'il convient de souligner malgré son évidence : pour jouir d'un avoir, il faut être. L'espérance de vie mesure la condition essentielle d'une éventuelle jouissance des biens terrestres, l'existence même, mais ce n'est pas sa seule qualité : ce critère se calcule facilement et se décline aisément selon le sexe, l'âge, le milieu social, les diffé-rents territoires d'un pays, ce qui n'est pas le cas du PIB dont les estimations sont longues, onéreuses et fasti-dieuses. Basé sur les statistiques de mortalité, il est aussi universellement accessible. Si elle ne dit pas tout des maladies, l'espérance de vie à la naissance est suffisam-ment parlante pour donner un éclairage inhabituel à la politique, à l'histoire et à la géographie.

Il dit des pays riches qu'il vaut mieux être Japonais (81,5 années d'espérance de vie à la naissance) ou

Français résidant en métropole[8] (80,5 années) qu'habitant des États-Unis (77,5). Une médecine à la pointe du progrès n'est donc pas toujours synonyme de bonne santé et demeure, à l'évidence, incapable de compenser les effets des conditions de vie. Des épidémiologistes américains estiment en outre que, du fait de l'obésité croissante des habitants de leur pays, l'espérance de vie globale va stagner puis décroître. Sans être trop simpliste sur l'origine sociale de l'obésité, elle est incontestablement aussi la marque d'un statut social : les pauvres aux États-Unis sont gros, le poids des Américains est inversement proportionnel à leur statut social. Ne traduisent-ils pas, par leur consommation alimentaire, une sorte de triomphe du consumérisme ? « Je suis pauvre certes mais, citoyen des États-Unis, je suis suffisamment riche pour manger plus qu'à ma faim, pour participer à la société de consommation. » L'obésité est également favorisée par la disparition du rite des repas. Philippe Slatter, il y a plus de trente ans, indiquait que la « poursuite de la solitude » était déjà devenue la marque première des membres de la société américaine. Cette solitude se manifeste dans les comportements alimentaires. Plus souvent qu'en Europe, les Américains de tout âge mangent seuls, à toute heure, n'importe quoi, au rythme rapide des publicités des programmes de télévision qui leur enseignent ce qu'ils doivent ingurgiter. L'alimentation n'est pas la seule cause de ces mauvais indicateurs : un jeune Noir de sexe masculin, vivant à New York, a la même espérance de vie qu'un Iranien (69 ans). La société américaine est une société violente où, toute proportion gardée, il y a huit fois plus de personnes incarcérées qu'en France, où les blessures et les décès par arme à feu

---

8. La différence d'espérance de vie entre les résidants de la métropole et les autres Français est d'au moins 2 années (Martinique, Guadeloupe) ; elle est de plus de 10 ans en Polynésie française et de 20 ans à Mayotte !

ou arme blanche sont fréquents. Tout cela laisse des traces dans les statistiques d'espérance de vie. Enfin, 43 millions d'Américains ne bénéficient d'aucune couverture sociale, soit environ 14 % de la population. Ce chiffre dissimule une précarité plus importante encore car, sur une période de deux années, c'est près de 30 % de la population qui à un moment donné ne bénéficiera d'aucune couverture sociale. La nation la plus puissante, la plus riche, la plus médicalisée n'est pas celle, loin s'en faut, où l'on vit le plus longtemps et le mieux.

Ce regard si particulier sur le monde semble donner raison à tous ceux qui souhaitent limiter les trop grandes différences de revenus entre les chefs d'entreprise et le plus modeste de leur employé. **La justice sociale est bonne pour la santé.** Les pays qui offrent à leur population la plus longue espérance de vie à la naissance (Japon, Suède) se trouvent être aussi ceux où la différence de revenus entre classes sociales est la plus faible. Est-ce un hasard ? Étude après étude, il a été montré que tout ce qui favorise la cohésion sociale contribue à la croissance de l'espérance de vie, **la social-démocratie est excellente pour la santé**, donc, tout ce qui favorise l'intégration sociale accroît l'espérance de vie. Les chômeurs, en perdant leur travail, se coupent très vite de leurs collègues ou compagnons et leur espérance de vie baisse, même quand leur revenu reste stable. Les femmes qui travaillent vivent dix-huit mois de plus que celles qui ne travaillent pas et le nombre de membres d'une famille est un meilleur indicateur de l'espérance de vie que le taux de cholestérol sanguin...

L'histoire des pays se regarde aussi avec cette longue-vue[9]. Juste avant la Seconde Guerre mondiale, en 1930, le peuple américain était, de ce point de vue notamment, le plus favorisé de la planète : l'espérance de vie y était

---

9. Graphique de l'Annexe 2.

plus longue de 6 ans qu'en France, 15 ans de plus qu'au Japon et 20 ans de plus qu'en Russie. Vingt ans ! Le communisme c'était peut-être « les Soviets et l'électricité », mais certainement pas la santé. En 1960, en trente ans à peine, ces différences s'estompent et tous les pays capitalistes ou communistes de l'hémisphère Nord atteignent une espérance de vie comparable : autour de 70 ans. Certes des différences demeurent, à l'époque, au désavantage de la Russie, mais ne dépassent pas quatre années[10]. Puis de nouveau, les écarts se creusent ; la convergence ne fut que provisoire. Les Japonais deviennent les privilégiés du XXIᵉ siècle, suivis des Européens (moins 3 ans d'espérance de vie par rapport à celle des Japonais), puis des Américains (moins 5 ans) ; quant aux Russes ils sont retombés loin, loin derrière les autres : plus de 25 ans pour les hommes. Le régime soviétique avait été capable de gagner la bataille contre les maladies infectieuses (grâce aux vaccins et antibiotiques) et d'offrir un suivi médical aux femmes enceintes. L'apogée sanitaire soviétique a été atteinte à l'époque de la puissance de l'Empire, marquée par son influence politique dans les pays non-alignés. Les conditions sanitaires y étaient alors presque comparables à celles de l'Occident ce qui explique, peut-être, que le communisme fut alors une alternative crédible pour ceux des pays de la planète qui venaient de conquérir leur indépendance.

Le déclin soviétique s'amorce dès 1970 pour s'accélérer ensuite. Si l'épidémie du sida s'étend rapidement après la chute du mur de Berlin, ce sont surtout les maladies de l'appareil circulatoire et les morts violentes qui expliquent la lourde détérioration de l'espérance de vie des Russes et des Ukrainiens. Homicides, suicides et morts par accident, y atteignent des records : « Avec deux fois moins d'habitants que les États-Unis (143 mil-

---

10. Pas tout à fait pour la Russie.

lions au lieu de 285 millions[11]), la Russie compte deux fois plus de morts violentes[12].» Le nombre de décès par homicide n'est dépassé que par la Colombie[13]. La Russie est un pays où l'on tue, où l'on se suicide (2ᵉ rang mondial après la Lituanie[14]) et où l'on meurt trop souvent par accident (2ᵉ rang mondial après la Lettonie avec 27,7[15]). Aujourd'hui, ce pays « où le communisme a été remplacé par un capitalisme criminel[16]» a une espérance de vie inférieure à celle du Viêtnam (71,5 années), de la Chine (72) ou de l'Algérie (73,5). Les hommes y meurent jeunes et les naissances représentent la moitié du nombre qu'il faudrait pour maintenir la population en l'état[17]. « Si la Russie a de la chance, en 2050 sa population sera seulement réduite d'un tiers, pour atteindre 100 millions d'habitants. Ceci est le scénario gouvernemental le plus optimiste. Des prévisions plus réalistes suggèrent que le nombre sera plus proche de 75 à 80 millions. [...] Si cela continue la population du Yémen sera supérieure à celle de la Russie[18].»

Quant à l'Afrique noire, cette autre partie du monde à ne pas bénéficier d'une amélioration de l'espérance de vie de ses habitants, son drame spécifique se lit aussi dans ses statistiques. En 2004, première année après le

---

11. La population des États-Unis a dépassé 300 millions d'habitants en octobre 2006.

12. Jean-Claude Chesnais, « Les morts violentes dans le monde», *Population et sociétés*, n° 395, novembre 2003.

13. Dans le même article, Jean-Claude Chesnais remarque qu'aux États-Unis, le taux de décès par homicide pour les hommes « de couleur » est de 37,5 pour cent mille alors qu'il n'est que de 5,6 pour cent mille pour les hommes blancs. La violence frappe toujours les plus faibles, les dominés de fait, sinon de droit.

14. Tableau de l'Annexe 3.

15. *Idem.*

16. Michael Specter, « The devastation », *The New Yorker*, October 11th, 2004.

17. Les naissances d'enfants de sexe masculin sont tombées de 1,25 million en 1987 à 630 000 en 1999.

18. Michael Specter, art. cit., note 16.

conflit de la Côte-d'Ivoire, l'espérance de vie a baissé de 10 ans ! La Sierra Leone, en guerre pendant des lustres, a retrouvé des indicateurs d'espérance de vie (41,5 années) qui permettent de le comparer à la France de la fin du XVIIIe siècle ou aux habitants de l'Empire romain[19].

En revanche, cette même longue-vue montre que l'histoire de France[20] depuis 1945 fut heureuse. Les Françaises avec 84 années d'espérance de vie à la naissance, chiffre comparable à celui des Italiennes et des Espagnoles, ne sont dépassées que par les Japonaises et les Chinoises de Hong-Kong (85). Quant aux Français de sexe masculin de la métropole, avec 77 années d'espérance de vie, leur position s'améliore et, si l'on exclut sans condescendance les petits pays, Luxembourg, Islande..., ils ne sont dépassés que par les Chinois de Hong-Kong (79), les Japonais, les Suédois, les Suisses et les Israéliens (78). Cette bonne performance de la France s'améliorerait encore si l'on n'examinait que le sud d'une ligne imaginaire allant de Nantes à Mulhouse, car l'espérance de vie à la naissance y est sensiblement supérieure à celle au nord de cette ligne : la différence y est d'une année et demie pour les deux sexes[21]. Seul le Japon fait mieux (à peine) ! Le bonheur est peut-être dans le pré, le rugby et le cassoulet ou, plus sérieusement, dans l'éducation et une certaine manière de concevoir la vie. La croissance économique n'est d'ailleurs pas, à court terme, excellente pour la santé. Il semblerait en effet qu'une croissance économique rapide induirait une montée immédiate de la mortalité par maladie cardiaque. Cet effet semble être d'autant plus sensible – 0,4 % de crois-

---

19. Elle dépassait toutefois le Swaziland d'aujourd'hui, dont l'espérance de vie est de 35,5 années.
20. Il en est ainsi de tous les pays d'Europe, notamment d'Europe du Sud.
21. Jean de Kervasdoué et Henri Picheral, *Santé et Territoire : carnet de santé de la France 2004*, Dunod – Mutualité Française, Paris, 2004.

sance des décès pour 1 % de baisse du chômage – qu'il n'y a pas d'assurance maladie[22]. Ainsi La France et le Japon auraient, si j'ose dire, provisoirement bénéficié dans un passé récent d'un taux de chômage élevé[23] et de leur assurance maladie. Mais, comment expliquer à la fois ces profondes améliorations des deux derniers siècles et les différences constatées entre départements et régions sans généralisation facile ou hâtive ?

Il n'y a pas une cause unique, bien entendu, plusieurs facteurs contribuent à la remarquable performance française sans qu'il soit possible de les pondérer et de mesurer leur interaction. La France a bénéficié des progrès qui ne lui étaient pas spécifiques. Commencée il y a deux siècles, la croissance de l'espérance de vie a d'abord tenu à la qualité de l'eau[24], à la vaccination, à l'hygiène, à la qualité des produits alimentaires (vive les engrais, les pesticides, la chaîne du froid et les transports aériens qui ont permis d'avoir des produits frais en toute saison), au réfrigérateur dont l'installation dans les ménages s'est accompagnée de la baisse simultanée des cancers gastriques, à la qualité de l'air (la pollution atmosphérique décroît dans toutes les grandes villes occidentales grâce au contrôle des effluents industriels et domestiques, à la limitation du chauffage au bois ou au charbon, et au développement de l'énergie nucléaire, notamment en France), aux progrès des installations industrielles, aux évolutions des habitudes alimentaires (plus de fruits, de légumes, de poisson, d'huile d'olive, moins de graisses animales saturées), à la baisse des accidents de la route...

---

22. Quand existe un système d'assurance sociale, l'effet ne serait que de 0,3 %.
23. U. Gerdtham et Ch. J. Ruhm, *Death Rise in Good Economic Times : Evidence from OECD*. Document accessible sur le site Internet des auteurs.
24. En 1800, le Parisien consommait 2 litres d'eau par jour et par habitant. Nous en consommons aujourd'hui plus de 2,5 m³ ! Je n'ose imaginer l'odeur des rues de Paris il y a deux siècles !

Bien entendu, les campagnes de vaccination, le suivi systématique des grossesses et la politique de lutte contre la mortalité périnatale contribuèrent à cette spectaculaire évolution. La qualité globale de la médecine, le fait que l'argent ne soit pas une barrière pour l'accès aux soins ont leur part dans la croissance globale de l'espérance de vie, notamment après 60 ans.

Toutefois, la France se caractérise aussi par une forte surmortalité des hommes avant 60 ans. En effet, si la différence d'espérance de vie entre les hommes et les femmes existe dans tous les pays riches, la surmortalité masculine française demeure élevée (7,1 ans). Elle tient pour l'essentiel aux comportements à risque des hommes jeunes et à leur forte consommation d'alcool et de tabac. Toutefois, depuis dix ans cette différence s'amenuise : entre 1994 et 2004, les hommes ont gagné 3,1 ans d'espérance de vie et les femmes 2 ans. Néanmoins, même en Suède où cette différence entre les deux sexes est la plus faible des pays riches, elle demeure significative : 5 années. Non seulement les femmes prennent moins de risques que les hommes mais, **protégées par leurs hormones, les femmes sont raisonnablement immortelles... jusqu'à la ménopause.**

La France n'est donc pas toujours aussi douce qu'on aimerait le croire, notamment pour ses hommes. Le taux des morts violentes y représente en l'an 2000 le double de celui de l'Allemagne et plus du double de celui du Royaume-Uni[25]. Certes on tue peu en France (taux de 0,7 assassinat pour 100 000 habitants par an) mais en revanche on se tue (17,5 suicides pour 100 000 habitants[26]) – et les hommes trois fois plus que les femmes – beaucoup plus qu'en Italie (8,2), qu'au

---

25. Graphique de l'Annexe 5.
26. Selon les spécialistes, ce chiffre serait sous-estimé d'au moins 20 %.

Royaume-Uni ou encore qu'en Grèce (3,8[27]). Est-ce parce qu'il n'y a pas en France de véritable seconde chance et donc que le destin de chacun est assez vite encadré par des barrières infranchissables qui tiennent à l'éducation et au milieu social ? Est-ce parce que nos contemporains baignent dans la mythologie du bonheur[28] et que, de déception en déception, ils se cloîtrent un jour dans la dépression, l'antichambre du suicide ? Peut-être. Toujours est-il que le suicide touche les hommes plus que les femmes et les personnes âgées plus que les adolescents. Heureusement que les tentatives ne sont que rarement suivies d'un décès : **8 % de la population française, soit 4,9 millions de personnes, déclarent en effet avoir fait une tentative de suicide**[29]. Pour la seule année 2002, le système de soins a pris en charge 195 000 tentatives[30]. C'est considérable. En revanche, si, en l'an 2000, les accidents de transports (taux de 12,7) plaçaient la France après plusieurs pays européens, sa position relative s'est améliorée du fait de la spectaculaire baisse des accidents de la route des années 2003 et 2004.

Une dernière et regrettable particularité française provient du fait que les différences de mortalité entre classes sociales, stables chez les femmes, continuent en revanche de s'accroître chez les hommes, alors que les dépenses globales de soins varient peu entre les milieux sociaux

---

27. La France se situe après la Finlande, la Belgique et, selon les années, dépasse ou précède l'Autriche. Nous sommes au troisième rang de l'Europe à quinze.

28. Nous sommes la première génération à partager communément la croyance selon laquelle l'homme serait sur terre pour être heureux et non pas, par exemple, comme celles qui ont précédé la nôtre, pour faire notre devoir ou accomplir une mission divine, nous y reviendrons.

29. 9 % des femmes et 6 % des hommes. À l'évidence les femmes se manquent plus souvent.

30. Marie-Claude Mouquet, Vanessa Bellamy, Valérie Carsco, « Suicides et tentatives de suicide en France », *Études et résultats*, n° 488, mai 2006.

même s'ils sont de différente nature[31]. **À l'âge de 35 ans, la différence d'espérance de vie entre un cadre et un ouvrier était de 6 ans en 1980, elle est de 7 ans en 1999**[32]. De très nombreux facteurs sont bien entendus associés à la position sociale : des facteurs « objectifs » – mesurables (alimentation, consommation de tabac et d'alcool, recours à l'expertise de médecins spécialistes...) –, mais aussi des facteurs psychologiques. On ne manquera pas d'être surpris d'apprendre que des études menées chez des religieuses, recrutées jeunes, partageant pendant de longues années les mêmes conditions de soins, logement et nourriture, révèlent que, une fois âgées, la fréquence des maladies et la longévité est corrélée à leur statut socio-économique, à leur entrée en religion cinquante ans plus tôt[33]. Pour autant qu'on puisse en déduire un lien de causalité, il semblerait que le stress de l'enfance perdure et garde longtemps sa marque dans le corps de ceux qui ont souffert.

A contrario, nous avons montré qu'en France[34] l'état de santé de la population dans le temps (1975-1999) et dans l'espace (les départements) s'améliorait avec le niveau d'éducation des femmes. **Plus que le revenu du père, c'est l'éducation de la mère qui compte.** Dans les milieux les moins éduqués, il n'est pas fait de lien entre les comportements à risque et l'état de santé ; la mauvaise santé est toujours « accidentelle ». En revanche, quand on a la chance d'avoir une mère éduquée, elle transmet les façons d'apprivoiser les toxiques, de se nourrir, et surtout de comprendre la réalité des risques éventuellement

---

31. Les milieux aisés consomment plus de soins de ville et notamment de spécialistes, les milieux modestes plus de soins hospitaliers.
32. Christian Monteil et Isabelle Robert-Bobée, « Les différences de mortalité : en augmentation chez les hommes, stables chez les femmes », *INSEE première*, n° 1025, juin 2005.
33. Robert Sapolsky, « Le stress de la pauvreté », *Pour la science*, janvier 2006, p. 40.
34. Jean de Kervasdoué et Henri Picheral, *op. cit.*

encourus. C'est là, dans l'éducation des femmes, qu'il faut peut-être chercher une partie des explications des variations constatées entre le Nord et le Sud de la France. Le Sud, au XIXe siècle, a refusé l'industrialisation. Pour réussir, l'école était la seule voie, cela se retrouve aujourd'hui dans les statistiques de santé, conséquence inattendue[35].

Enfin, la bonne position des pays d'Europe du Sud, France mais aussi Espagne et Italie, attire l'attention sur l'importance bienfaitrice des régimes alimentaires dits « méditerranéens » composés de fruits, de légumes, d'huile d'olive et de poisson. Nous aurions aimé croire à l'importance du soleil et de la joie de vivre, mais ces deux facteurs ne sont pas immédiatement apparents dans les deux pays où les hommes vivent le plus vieux : la Suède et le Japon.

En résumé, si tout n'est pas parfait, le bon score relatif de la France semblerait montrer qu'elle est plus humaine que d'autres pays dont on vante constamment les mérites économiques mais qui semblent négliger l'essentiel : la vie tout simplement. Soulignons encore le rôle des Françaises. Est-ce notre société qui les favorise ou elles qui contribuent à ce que notre pays soit ce qu'il est : enviable à plus d'un point de vue ? Les deux, vraisemblablement.

---

35. Cartes des Annexes 6 et 7.

3

Le « bon sens » peut être dangereux pour la santé

Comptabilité macabre et quelques rappels de pure et simple logique

> « Un bon lieu commun est toujours plus humain qu'une découverte nouvelle. Il n'est pas une seule pensée importante dont la bêtise ne sache aussitôt faire usage... »
>
> Robert MUSIL,
> *L'Homme sans qualités.*

On a toujours suffisamment de courage pour supporter le malheur des autres et regarder à la télévision défiler les victimes du jour. Les images des guerres, des catastrophes naturelles et des épidémies, servies à l'apéritif, offrent d'abord à celui qui les regarde un sentiment de confort, fût-il relatif. L'indignation ou la compassion suivent parfois, toujours à petite mesure ; il y a tant de nécessiteux et il faut bien passer à table, le plat va refroidir. L'information ne mérite plus son nom, elle n'apprend rien ou ne le fait qu'indirectement, comme par inadvertance. Elle émeut, elle choque pour tenter, une fois encore, de toucher des cordes de moins en moins sensibles à force d'avoir trop vibré. L'audience détermine la publicité et la survie de la chaîne. La disparition des sols des pays du Sahel ne fait jamais la une, sauf quand les enfants meurent de faim par milliers et, là encore, c'est

parce que l'image d'un bébé cachectique émeut le plus
endurci qu'on retransmet des images de ces drames,
et non pas parce qu'il serait important de comprendre
comment nos contemporains, à quelques heures d'avion,
subissent ces famines à répétition.

Il n'y a plus de politique, plus de société, seuls comptent les drames individuels. Le journal télévisé, c'est le
viol près de chez vous, et quand il n'y en a pas eu en
France, les journalistes finissent par en trouver dans un
pays voisin ou évoquent, à l'occasion d'un anniversaire
ou de l'actualité judiciaire, les détails d'une affaire dont
aucun détail sordide n'aura été épargné dans des reportages précédents. Peu importe que le nombre de crimes
sexuels baisse, leur nombre décroît effectivement, l'air
du temps fait qu'ils suscitent la plus forte indignation. Ils
permettent aux téléspectateurs de communier dans une
réprobation justifiée certes, mais qui ne dit rien de la vie
en société et du monde dans lequel nous vivons. Il y aura
toujours des détraqués, des actes de barbarie, des drames
atroces et des victimes. Pour y répondre très imparfaitement, car c'est d'un autre ordre, il y a la justice, les
compensations financières, la consolation des proches et
le respect de tous. On y ajoute aujourd'hui le procès
cathodique, phase finale du pilori audiovisuel, qu'il ne
m'appartient pas de juger, pensant que ces drames se
vivent seuls et que, dans de telles circonstances, je ne sais
pas ce qui pourrait atténuer ma peine et celle de ceux qui
me sont chers.

La société n'existe plus, donc seuls importent les cas
individuels dont on parle à la télévision. Évoquant avec
un Haïtien les drames de son pays, il me rétorqua qu'en
France aussi, ce qui est tristement exact, des gens mour-
raient de faim. Il en concluait implicitement que de ce
point de vue nos deux pays se valaient. Un ici, des centaines de milliers de trop là, tout se vaut !

Les nombres comptent-ils ? Bien entendu non quand

il s'agit d'individus, je pense néanmoins qu'ils font toute la différence quand on s'intéresse à la vie en société.

Nous sommes tous mortels

Pardon d'insister, cela veut donc dire que 100 % des gens qui naissent meurent un jour. Cent pour cent des gens meurent et donc les pourcentages de mortalité pour telle ou telle cause (cancer, accident de la route, tabagisme, maladie cardiaque...) ne donnent que des informations sur l'évolution relative de ces causes. Ils ne donnent aucune indication sur les modifications de la durée de vie, ni sur le nombre de personnes concernées à un moment donné. Il importe donc de connaître l'âge moyen des décès et le nombre des personnes touchées par telle ou telle cause ou maladie pour se faire une opinion de l'importance de tel ou tel fléau.

Déclarer, inquiet, que le pourcentage des gens qui meurent de maladie cardiaque augmente, ce qui est exact, indique seulement que d'autres causes de décès sont moins fréquentes dans la population. Ceci n'implique pas nécessairement que les Français soient de plus en plus atteints par ces maladies. Ainsi, la baisse des morts sur la route ne cause ni le cancer, ni un quelconque infarctus, mais accroît arithmétiquement le pourcentage de toutes les autres causes de décès et notamment celles par maladie cardiaque et par cancer. Le total est toujours égal à 100 %.

La croissance relative de telle ou telle cause de décès peut être, si j'ose dire, un bon signe car cette évolution peut provenir du simple fait que les personnes étudiées vivent plus longtemps. Les femmes meurent aujourd'hui d'abord de maladie cardiaque, les hommes de cancer, les deux sexes payent un lourd tribut aux maladies de la dégénérescence cérébrale. Si les femmes meurent plus de maladie cardiaque que de cancer en 2007, ce qui n'était pas le cas en 1980, c'est tout simplement qu'elles vivent plus longtemps aujourd'hui qu'hier, le traitement des cancers féminins s'est légèrement amélioré et la mortalité cardiaque est fonction de l'âge. Le total des morts est toujours de 100 % !

Le problème n'est pas tant de savoir de quoi l'on meurt, mais comment l'on vit, notamment les dernières années ? Souffre-t-on ? Est-on handicapé ? Absent ? Seul ?

Les succès d'aujourd'hui sont les échecs de demain. La baisse de la mortalité périnatale, un des grands succès de la politique de santé des années 1970 et 1980, aura des effets sur la mortalité des années 2050, quand les enfants qui ont survécu seront devenus des personnes âgées et seront atteintes d'une tumeur ou d'une maladie de la dégénérescence. À l'inverse, la décision prise de ne plus imposer le vaccin contre l'hépatite B augmentera dans plusieurs décennies le nombre de cancers du foie.

Bien entendu, ces évolutions en pourcentage permettent de déceler les phénomènes majeurs comme la spectaculaire « transition épidémiologique » du XXe siècle. Au début du siècle dernier (le XXe), la population mourait principalement de maladie infectieuse, à la fin de ce même siècle, ces maladies avaient pratiquement disparu des tables de mortalité, jusqu'à l'apparition du sida. Toutefois, même cette terrible épidémie modifie peu l'aspect général des grandes causes de mortalité[1].

Les hommes raisonnent comme des pompiers

Je ne veux pas dire ici qu'ils raisonnent mal comme le laisserait entendre l'expression familière mais que, s'ils se

---

1. Graphique de l'Annexe 9.

souviennent du grand incendie pour lequel ils ont dû sortir la grande échelle, il leur est impossible de savoir, sans statistiques, l'activité d'un jour moyen. Pour qu'une information trouve sa place dans la mémoire humaine, elle doit être portée par une émotion. Les statistiques ennuient, les drames retiennent l'attention et gauchissent la mémoire au point que l'on a du mal à se situer, à séparer l'exceptionnellement de l'extrêmement dangereux, extrêmement donc parce que fréquemment et non pas spectaculairement dangereux.

Les pourcentages seuls ne veulent rien dire

Je ne sais si c'est l'omniprésence des sondages qui limite la presse et notre pensée à la présentation des seuls pourcentages, mais il n'est pas possible – arithmétique de base – d'interpréter un pourcentage sans connaître la valeur absolue de la grandeur concernée. Ainsi, beaucoup de gens ayant entendu que le suicide est la seconde cause de décès (après les accidents) chez les jeunes de moins de 25 ans, en concluent que les jeunes mettent plus facilement fin à leurs jours que les plus âgés ; ce n'est pas le cas. Le nombre de suicides augmente avec l'âge, mais le taux de mortalité des jeunes est très bas, l'importance relative des suicides est donc considérable dans cette classe d'âge. Le total des morts d'une classe d'âge, comme d'une population, est toujours égal à 100 %.

Le tabagisme passif illustre un autre type d'erreurs induites par la seule utilisation des pourcentages. Une première étude, depuis confirmée à plusieurs reprises, a démontré que la probabilité d'avoir un cancer du poumon chez les conjoints non fumeurs de fumeurs augmentait de 30 %. La plupart des personnes qui entendent cette information comprennent, ce que je n'ai pas dit, que 30 % des conjoints non fumeurs de fumeurs sont atteints d'un cancer du poumon. Non, la probabilité augmente de 30 %, ce n'est pas la même chose ! Cette information seule n'a donc pas de sens, pour l'interpréter il est nécessaire de connaître aussi le taux de mortalité par cancer du poumon des non-fumeurs[2] : il est de 6 pour 100 000. Donc, si cette étude est exacte, la mortalité chez les conjoints non fumeurs de fumeurs passe de 6 pour 100 000 à 8 pour 100 000 du fait du tabagisme passif. À ce niveau de probabilité, même si l'on n'est pas dans la marge d'erreur, faut-il beaucoup s'en préoccuper[3] ?

Toujours dans le même ordre d'idée quand, après de longues et sérieuses études cliniques, il est indiqué que la prise de statines[4] baisse, toutes choses égales par ailleurs, le taux d'attaque cardiaque de 30 %, chacun remarque l'importance de ce taux et admire les bienfaits de la recherche pharmaceutique. Mais ce chiffre n'a pas de sens quand on ignore le nombre de personnes qui, ayant un taux de cholestérol élevé et ne prenant rien, subissent une attaque cardiaque. S'ils sont, et c'est heureusement le cas, peu nombreux, une amélioration de 30 % devient modeste. Ainsi, pour reprendre le titre de l'article de Michael D. Lemonik, la « statistique secrète de la médecine » est rarement publiée, car elle donne le nombre de personnes qu'il convient de traiter pour que la vie d'une seule personne s'améliore : c'est le NPT (nombre de personnes à traiter). Ce chiffre est beaucoup moins spectaculaire : pour les statines il est de 50, autrement dit : « Il faut que 50 personnes prennent ces médicaments

---

2. Oui, on peut être atteint d'un cancer du poumon, jusqu'à en mourir, sans avoir jamais fumé.
3. Le risque relatif a été plusieurs fois confirmé. Selon les études, il varie de 1,19 à 2,08, c'est-à-dire qu'il fait au maximum passer à 12 pour 100 000 la probabilité d'avoir un cancer du poumon chez ceux qui subissent ce tabagisme passif.
4. Les molécules de cette famille réduisent le taux de cholestérol (LDLc).

pour prévenir l'apparition d'une seule – pas nécessairement fatale – attaque cardiaque... d'autant que les statines ont des effets secondaires parmi lesquels des
attaques du foie et des muscles[5]. »

La notion de pourcentage quand elle s'applique à une
population fermée ou ouverte n'a pas le même sens.
Quand on s'intéresse à une population donnée, définie
par un ou plusieurs critères (les Français, les chauves qui
boivent de la bière...) et que l'on tente de les répartir
selon leurs opinions politiques ou leur amour de la littérature, le total ne peut jamais dépasser 100 %, quel que
soit le critère étudié dans ces populations. En revanche,
quand on décrit l'évolution d'un facteur (le nombre de
clients d'une entreprise par exemple), les taux peuvent
bien entendu croître de plus de 100 % : si une entreprise
a 20 clients une année et 60 l'année suivante, le taux de
croissance de sa clientèle est de 300 %. Élémentaire !
Certes, mais malheureusement pas toujours retenu,
d'autant plus que quand les chiffres sont bas en valeur
absolue, les taux de croissance peuvent devenir rapidement très importants[6] et l'inquiétude croît alors en proportion. Une étude qui fut abondamment citée[7] a fait
croire que le risque de cancer du sein s'accroissait de
30 % chez les femmes qui avaient subi un avortement,
mais ceci fut réfuté par une étude ultérieure de cohorte.
Comme l'indique Peter Gotsche, directeur du centre
nordique Cochrane, basé à Copenhague : « La plupart

---

5. Michael D. Lemonick, « Medicine's secret Stat », *Time*, Febuary 26th,
2007.
6. Quand une entreprise a un client, il ne lui est pas trop difficile de dou-
bler sa clientèle.
7. Brind J., Chinchilli V. M., Severs W. B., Summy Long J., « Induced abor-
tion as an independent risk factor for breast cancer : a comprehensive review
and meta-analysis », *Journal of Epidemiology and Community Health*, 1996 ; 50 :
pp. 481-496.

des épidémiologistes interviewés par *Science* ont dit qu'ils ne prendraient pas au sérieux une étude unique qui ferait part d'une nouvelle cause potentielle de cancer à moins que le risque estimé ne se soit accru d'un facteur de trois (300 %)... Une intervention de masse sur une base fragile produit des dégâts massifs... La plupart des précurseurs du cancer peuvent se voir chez la plupart des personnes en bonne santé autour de la cinquantaine, et le potentiel de faire du mal en dépistant et de conduire au diagnostic de "pseudo-maladie" est effrayant. »

Enfin, l'unité de mesure peut elle-même être un pourcentage, ceci n'a rien d'intellectuellement condamnable, sauf si l'entité concernée change sans qu'on s'en aperçoive. Ainsi certaines victoires thérapeutiques, qui apparaissent spectaculaires, ne sont qu'apparentes. H.G. Welch[8], auprès de qui on vantait la grande amélioration de la survie à cinq ans des cancers du rein (entre 1950 et 2000, elle passe 34 % à 62 %), décida d'examiner ces résultats avec attention car il savait que, malheureusement, le nombre d'Américains qui mouraient des suites d'un cancer du rein ne diminuait pas. Dans un premier temps, on aurait pu espérer que si le même nombre de malades mouraient de cette maladie, ils décédaient plus tard, mais cette hypothèse s'est révélée également fausse, l'âge était le même. Si ce chiffre était aussi spectaculaire, cela provenait simplement du fait que les cancers étaient diagnostiqués plus tôt ; les malades ne vivaient donc pas plus longtemps, mais le taux de survie à cinq ans était grandement amélioré car l'âge à partir duquel on le calculait n'était plus le même. « Que penser de cette situation ? demandet-il. Elle n'est pas meilleure pour les patients ; on peut même soutenir qu'elle est pire puisque tous savent plus

---

8. H. Gilbert Welch, *Dois-je me faire tester pour le cancer ? Peut-être pas et voici pourquoi*, Presses de l'Université de Laval, 2005.

longtemps qu'ils ont un cancer du rein. » Bien entendu, la survie à 5 ans peut être une bonne nouvelle si les populations sont comparables et si l'âge de référence est le même. Ce n'est que trop rarement le cas[9].

Morts d'aujourd'hui, morts de demain : causes de décès et facteurs de risque

Toute politique de santé utilise une sémantique macabre précise. Faute de la connaître, on est souvent conduit à en tirer des conclusions hâtives.

Fumer tue : oui, lentement mais pas systématiquement tous les fumeurs. La route tue : oui, le plus souvent brutalement et certains plus que d'autres, mais tous n'ont pas pris de risque. La cause d'une mort brutale, par essence facilement repérable, n'est pas de même nature que la cause de décès induits par l'usage du tabac, le travail à la mine ou la consommation d'alcool. On ne meurt pas du tabac, mais d'un cancer du poumon ou d'une bronchite chronique. Ceux qui achètent des paquets de cigarettes avec la mention « Fumer tue » n'acquièrent pas un certificat de décès, ils prennent un risque et seront, en toute vraisemblance statistique, des morts prématurés de demain. À l'évidence, le temps compte : il y a d'une part les morts d'aujourd'hui, et c'est seulement pour eux que l'on est capable d'établir la cause du décès. Les causes de décès, au sens de l'information produite par le médecin qui rédige le certificat constatant la fin de vie, sont de nature médicale. Le médecin n'écrira pas qu'une personne est morte d'avoir trop fumé mais qu'elle s'est éteinte des suites d'un cancer du poumon ou d'une bronchite chronique. Il y a d'autre part des personnes

---

9. Tableau de l'Annexe 10.

vivantes aujourd'hui dont la vie risque d'être abrégée[10] demain. Il ne faut pas tout confondre car entre le fait de fumer aujourd'hui et de mourir demain d'un cancer du poumon, il y a non seulement les poumons qui se fragilisent avec les années qui s'écoulent, mais d'autres phénomènes qui influencent la survenue plus ou moins précoce de la maladie. Il est indéniable que la vie de l'ensemble des fumeurs est plus brève que celle des non-fumeurs, mais personne n'est capable de déterminer l'âge de la mort d'un fumeur donné. Certains semblent miraculeusement échapper à des milliers de cigarettes, alors que des non-fumeurs sont victimes de cancer du poumon.

Les « facteurs de risque » (fumer, boire, conduire une automobile, trop manger...) ne sont pas des « causes de décès » ; entre les uns et les autres il y a le temps, la maladie et la (mal)chance. Cette dernière dissimule notre ignorance et notamment notre totale incapacité de passer d'une population à un individu. Personne ne sait pourquoi M. X, grand fumeur, échappera aux conséquences sanitaires de ses habitudes fâcheuses pour sa santé, alors que M. Y en sera victime.

Il arrive que des patients, dont la vie semble ne plus tenir qu'à un fil, récupèrent au point de guérir, et l'équipe qui les a soignés est aussi heureuse que surprise. Il faut toujours espérer, ce qui n'évite pas les drames et leur injustice. Rien n'explique pourquoi un paisible piéton sera fauché par une automobile, alors que des conducteurs dangereux ne subiront aucune conséquence de leur prise de risque. Chacun doit craindre et peut espérer. Nous ne sommes pas des statistiques, c'est d'ailleurs la raison pour laquelle vouloir « informer » un

---

10. On peut être dépressif, grand fumeur, alcoolique, grand homme d'État et vivre longtemps, Winston Churchill en est un exemple. Un jour, un ami demandait à lady Churchill : « Est-il vrai que sir Winston boit une bouteille de cognac par jour ? » Elle répondit : « Je ne crois pas, je l'ai rarement vu boire aussi peu. »

patient en lui annonçant qu'il a telle ou telle probabilité de survivre x mois ou années est humainement condamnable et logiquement idiot.

Le destin n'a pas disparu depuis que le principe de précaution est entré dans notre Constitution.

Morts « attribuables », morts « évitables » et causes de décès : comment s'y retrouver ?

Pour passer du facteur de risque aux causes de décès, les démographes calculent la « fraction attribuable » d'un facteur de risque pour telle ou telle cause de décès. Ainsi l'on peut calculer les risques relatifs des fumeurs et des anciens fumeurs pour telle ou telle maladie[11]. Ce concept paraît simple. Ce n'est pas le cas.

L'alcool, le tabac, l'amiante, la dioxine, la route, la vie recluse au foyer... combien de morts ? Il n'y a pas de politique de santé sans que l'on puisse dénombrer les morts « attribuables » à chacun de ces facteurs, ne serait-ce que pour connaître leur importance relative et investir ici plutôt que là. Si le principe de précaution ne dénombre pas – il laisse à penser que l'on peut se prémunir de tout –, les réalités économiques et épidémiologiques demeurent, et le dénombrement constitue la première étape de toute politique en matière de santé.

Le concept de mort « évitable » ne recouvre pas celui de mort « attribuable », il ne concerne que quelques facteurs de risque sur lesquels, en théorie, on pourrait agir pour limiter leurs effets néfastes sur la santé. Certaines morts « évitables » sont d'ailleurs « naturelles », les rayons du soleil par exemple produisent des décès pré-

---

11. Alain Parant, « Morbidité, mortalité : essai de prospective », in *Morbidité, mortalité : problèmes de mesure, facteurs d'évolution, essai de prospective*, Colloque international de Sinaia (2-6 septembre 1996), *AIDELF*, n° 8.

maturés « évitables ». La plupart de ces facteurs sont cependant liés à la personne ou à la société dans laquelle elle vit. Accoler le qualificatif d'évitable à telle ou telle cause de décès laisse à penser qu'il pourrait y avoir une circulation automobile sans accident mortel ou une humanité sans alcool. Pour un épidémiologiste, ces morts sont cependant, et par définition, « évitables ». Oui, peut-être dans une société totalitaire.

Les idées que sous-tendent ces deux qualificatifs sont claires, même quand elles demeurent irréalistes : les conditions pour éviter les morts évitables ne sont pratiquement, et parfois heureusement, jamais réunies, et la mesure des fractions attribuables ou évitables de telle ou telle cause de décès est aussi difficile à établir que sujette à caution.

L'alcoolisme illustrera une première série de difficultés du calcul des morts attribuables sans préjuger ici qu'elles soient toutes évitables.

Selon les sources françaises, la mortalité prématurée due à une surconsommation d'alcool se situe entre 25 000 et 60 000 personnes par an. C'est beaucoup, même pour la partie basse de cette large fourchette : il y a environ 540 000 décès par an en France. L'estimation basse recouvre les « décès directs » qui semblent, eux, faciles à dénombrer. Si l'ordre de grandeur est probablement bon, il ne faut pas chercher une précision à plus de 20 à 30 % et ceci pour plusieurs raisons. Dans les certificats de décès à la mention « cirrhose », le qualificatif d'alcoolique[12] n'est pas toujours connu. En outre, tous les accidents de la route avec décès ne donnent pas systématiquement lieu à la recherche d'alcool dans le sang.

Pour ce qui est des causes « indirectes[13] » de décès dus à la consommation d'alcool, les raisons de cette impréci-

---

12. Toutes les cirrhoses ne sont pas alcooliques.
13. Notamment les cancers, mais aussi les maladies cardiaques.

sion sont plus nombreuses et plus fondamentales encore. La consommation d'alcool favorise la survenue de certains cancers, mais ces cancers n'ont pas pour seule origine cet abus, il faut donc estimer la part « attribuable » à l'alcool à partir d'étude épidémiologique. Par ailleurs, et ce n'est pas le moins important, l'effet bénéfique de l'alcool sur la santé n'est pas compté dans la plupart de ces statistiques, bénéfice quand il est consommé à petite dose, aujourd'hui amplement documenté. Certains auteurs estiment que ce bénéfice attribuable est du même ordre de grandeur que celui des décès attribuables.

Je ne dis pas ici que l'alcool n'est pas un fléau, notamment en France, toujours détentrice du record européen de ce triste concours. Je n'ai pas passé mon enfance en Bretagne sans avoir constaté *de visu* tous les drames conjugaux, professionnels, physiques, psychologiques et psychiatriques, induits par la culture de l'alcool qui fait de l'abus un signe de virilité et la condition *sine qua non* d'une « piste[14] » mémorable.

L'alcoolisme est encore[15], après le tabagisme, la plus importante question de santé publique. Toutefois, le chiffre le plus souvent avancé de 45 000 décès par an est une convention, le résultat de plusieurs calculs, de chiffres provenant de multiples sources, collectés avec plus ou moins de rigueur et ne tenant pas compte des effets bénéfiques de l'alcool.

Par ailleurs, quand on s'intéresse simultanément à plusieurs questions de santé publique (tabac, alcool, accidents de la route...) et que l'on avance le nombre impressionnant de morts « prématurés » (les morts avant 60 ans de mort « évitable »), on commet une grave erreur méthodologique car les décès attribuables ne s'additionnent pas. La première raison est logique, nous l'avons vu,

---

14. Une fête, une teuf.
15. L'obésité pointe son nez.

si on meurt jeune d'un accident, on ne meurt pas plus tard du tabac. Mais ce n'est pas tout car « plusieurs facteurs de risque peuvent être à l'origine de la même cause de décès[16] ». C'est le cas de l'alcool et de la vitesse pour les accidents de la route ou du tabac, de l'amiante, de la pollution atmosphérique et des rayonnements ionisants pour le cancer du poumon.

Ensuite, toujours pour le calcul des décès attribuables, les estimations sont le plus souvent basées sur des modèles. « Pour déduire un risque attribuable à partir des décomptes sur les décès, le lien doit être univoque entre le facteur incriminé et le risque de décès observé. C'est loin d'être toujours le cas. Pour les cancers, l'association très directe entre mésothéliome et amiante est pratiquement la seule exception[17]. »

La cuisine du calcul des morts « attribuables »

Comment fait-on alors dans la pratique ? À la suite de l'Académie des sciences des États-Unis, on procède en quatre étapes afin de répondre successivement aux questions suivantes :

1. Le produit est-il dangereux et à quelle dose ?
2. La personne a-t-elle été exposée à ce produit ?
3. Quelles sont les conséquences de cette exposition sur sa santé ?
4. Quelle est la nature du risque et comment le prévenir ?

Pour comprendre tous les aléas de cette entreprise, notons quelques difficultés.

---

16. Philippe Hubert, « Pour un meilleur usage du risque attribuable en santé environnementale », *Environnement, Risques & Santé*, vol. 2, n° 5, pp. 266-278, septembre 2003, synthèse.
17. Philippe Hubert, art. cit., note 89.

La dangerosité d'un élément n'est que très rarement mesurée directement sur l'homme, nous l'avons vu. Elle l'est sur des modèles *in vitro*, puis sur des animaux d'expérience. Les ostréiculteurs d'Arcachon n'ignorent pas que les tests de l'éventuel effet toxique de leurs huîtres ont été réalisés sur des souris. Peut-on transposer à l'homme ? Pas toujours, pas simplement.

Quand la toxicité est mesurée sur l'homme, elle l'est dans des conditions très précises qu'il est souvent hasardeux de généraliser. La létalité des rayonnements ionisants s'appuie toujours sur les bombardements d'Hiroshima, de Nagasaki et des îles Marshall. Les victimes furent exposées à des quantités phénoménales d'énergie alors que la plupart des expositions d'aujourd'hui sont souvent sporadiques, parfois longues, presque toujours à de très faibles quantités.

À supposer que l'on connaisse la toxicité de chaque dose et de chaque type d'exposition, on ne sait pas toujours précisément à quoi ont été exposés en pratique les travailleurs de telle ou telle usine ou les habitants de telle ou telle région. Ainsi, à l'occasion du passage du nuage de Tchernobyl en France, il y eut des mesures précises à proximité des centrales nucléaires car des capteurs de radioactivité étaient placés auprès de ces installations, mais de tels instruments n'existaient pas partout. Qui a reçu, quelle dose dans les Alpes ? Faute d'avoir placé des instruments de mesure avant la catastrophe, il ne sera jamais possible de répondre précisément à ces questions. Faute de mieux, on procède alors à des extrapolations à l'aide de modèles qui auront tous leurs partisans et leurs détracteurs. Pour prendre un autre exemple, des questions du même type concernent tous ceux qui, à un moment de leur vie, ont travaillé dans un bâtiment où il y avait de l'amiante. Qui a été exposé, à quoi ? Les ouvriers d'entretien plus que les cadres, certes, mais à quelle dose ? Avec quelle fréquence d'exposition ? Ces personnes sont-elles comparables à ce titre aux mineurs ou à ceux qui vivaient en permanence dans de la poussière d'amiante ?

Ce n'est pas tout. La question de la voie d'exposition est aussi souvent de grande importance. La substance a-t-elle été ingérée ou inhalée ? Y a-t-il eu un contact avec la peau ? Une muqueuse a-t-elle été touchée ? Un effet toxique démontré pour une voie est-il transposable à une autre ? Non, bien entendu, mais faute de données, cette hypothèse est souvent faite.

Enfin, quand les doses reçues sont très loin de la dose dangereuse, peut-on extrapoler de 1 à 10 ? Vraisemblablement. De 1 à 1 000 ? Pourquoi pas ? Mais, de 1 à 1 million, voire de 1 à 1 milliard de fois moins, n'est-ce pas hasardeux ?

Remarquons par ailleurs que tout produit mortel à 50 fois la dose d'utilisation « normale » est interdit en France. Heureusement que les hommes sont arrivés bien tard dans l'histoire de la planète car l'eau ne serait pas, avec ce critère, autorisée : essayez de boire 50 litres d'eau par jour !

Sans rejeter tous les efforts réalisés pour répondre à ces questions difficiles afin d'estimer les risques et de tenter de protéger la population, on comprendra pourquoi l'on ne recense en France, en 2002, que 500 décès pour expositions professionnelles alors que les calculs en donnent plusieurs milliers, dont 2 000 pour la dioxine[18], 1 950 pour l'amiante et 12 000 pour toutes les sources de rayonnements ionisants. Précaution ou erreur ?

La notion de mort « attribuable » est intéressante mais doit être prise, si j'ose dire, avec précaution en cherchant toujours comment les calculs ont été réalisés. Il ne s'agit pas de personnes réelles, mais de résultat de calculs après des collectes de données imprécises et une suite d'hypothèses hasardeuses.

---

18. L'ensemble des incinérateurs français rejettent dans l'atmosphère... 200 grammes de dioxine par an ! 200 grammes !

Quant à la notion de morts évitables, elle laisse à penser, nous l'avons vu, que les accidents ne sont pas... accidentels. Certes l'aviation civile démontre chaque jour que les accidents ne tiennent pas tous à la fatalité, qu'ils peuvent être fortement réduits, qu'il est utile et efficace de se battre pour améliorer la sécurité, mais ils ne seront jamais nuls, ce que laisse entendre le terme d'« évitable ». Quand la kinésithérapeute qui me rééduquait après une fracture de la hanche m'a demandé comment s'était produit mon accident, avant de lui répondre, j'ai commencé par : « Oh, c'est idiot ! » Elle m'a rétorqué : « Vous dites tous ça ! » Oui, c'était idiot et évitable, mais je ne l'ai pas évité, pas plus que les alcooliques n'arrivent à éviter la provisoirement réconfortante et toujours dangereuse proximité de la bouteille.

Années de vie « perdues »

Cette statistique, trop peu souvent utilisée, me paraît plus intéressante que celles des morts attribuables ou évitables, car elle ne laisse pas croire à l'immortalité de ceux qui n'auraient aucune mauvaise habitude sanitaire et donne un ordre de grandeur des conséquences du risque encouru. L'espérance de vie perdue « s'obtient par différence entre deux espérances de vie, celle que l'on obtiendrait si la cause n'agissait pas et celle que l'on obtient lorsqu'elle agit[19] ». Ainsi au Canada, selon Yves Perron, pour l'ensemble de la population, entre 1990 et 1992, les années de vie perdues dues aux tumeurs cancéreuses sont de 3,44 années et de 2,44 pour les cardiopathies ischémiques. Ces années-là donc, au Canada, quand on

---

19. Yves Perron, « L'accroissement de l'espérance de vie en cas d'élimination ou de réduction de mortalités particulières », *Environnement, Risques & Santé*, vol. 2, n° 5, septembre 2003.

ne mourait pas de tumeurs, on vivait 3,44 années de plus : les Canadiens aussi sont mortels.

Morts statistiques

Dans les nombreuses études ou reportages, non seulement les morts d'aujourd'hui et ceux de demain ne sont pas toujours distingués, mais les morts évoqués ne sont pas des personnes que l'on peut nommer. Il convient donc de distinguer la mort de gens identifiables et celle des « morts » qui ne sont, heureusement pour eux, que statistiques. Ainsi, quand des épidémiologistes prétendent que 2 000 personnes meurent chaque année de la pollution atmosphérique à Paris[20], ce ne sont pas des personnes réelles dont il s'agit, mais du résultat d'un calcul. Nous verrons plus loin sur quelles hypothèses ces calculs sont fondés et comment ils sont réalisés.

Il arrive que l'on additionne personnes physiques et personnes statistiques. Ainsi dans l'étude remise à l'Organisation mondiale de la santé par les Académies des sciences française, américaine et suisse sur les conséquences sanitaires de Tchernobyl, le chiffre de 4 000 morts recouvre d'une part des personnes réelles, des personnes que l'on peut nommer (les « liquidateurs[21] », certains malades qui se sont éteints depuis la catastrophe des suites de tumeurs radio-induites, les suicides...) et d'autre part des personnes théoriques, résultats de calculs épidémiologiques sur les effets vraisemblables des rayonnements ionisants sur des populations plus ou moins exposées, pendant plus ou moins longtemps au sinistre nuage. C'est la raison pour laquelle il ne sera jamais possible de

---

20. Sans préciser si leur vie est abrégée de 3 jours ou de 3 ans.
21. Ce terme a été utilisé pour les personnes courageuses qui ont tenté non seulement d'arrêter l'incendie mais de limiter l'irradiation des matériaux radioactifs.

savoir combien de personnes auront eu leur vie abrégée du fait de ce nuage, mais également pourquoi les estimations sont aussi hétérogènes selon les sources : les uns disent 4 000, les autres 15 000, les troisièmes 80 000 et la télévision en rajoute sans que personne n'y trouve à redire ; j'ai ainsi entendu le chiffre de 600 000 morts ! Il suffit pour cela de changer d'hypothèses et d'ajouter aux personnes réelles d'autres morts statistiques ou de se moquer des chiffres et, ce faisant, du public...

Morts d'ici et morts d'ailleurs

Enfin, il y a les morts d'ici et les morts d'ailleurs. Les premiers nous intéressent, pas les seconds. On imagine le tollé que produirait en France 1 ou 2 décès dans des centrales nucléaires. Personne toutefois ne se soucie des décès de ceux qui, ailleurs, en Chine, en Pologne, extraient le charbon pour les centrales thermiques. Ces morts ne comptent pas. Les Occidentaux ne s'intéressent pas à « la mort silencieuse des inutiles[22] », inutiles pour le système capitaliste, inutiles pour l'économie mondiale, inutiles pour venir nourrir les thèses tendancieuses des écologistes politiques, inutiles car ils sont les hors-circuits de la modernité, soit plus d'un milliard d'hommes.

Des drames meurtriers, mais une mémoire collective occidentale sélective

Pour les Occidentaux, l'importance d'un risque est liée à sa médiatisation, or celle-ci est sans grand rapport avec la gravité de la catastrophe. Avant de lire les lignes sui-

---

22. Expression du docteur Jean-Daniel Rainhorn, spécialiste des questions de santé des pays en développement.

vantes et, éventuellement de vérifier ces chiffres sur Internet, tentez de répondre pour vous-même à la question suivante : vache folle, chikungunya, Seveso, Tchernobyl, sida... combien de morts ?

La catastrophe de Seveso, en tant que telle, n'a fait aucun mort, zéro. Cependant, le directeur de l'usine a été assassiné par les Brigades rouges, une mort indirecte donc[23].

Il y a eu 146 cas humains d'encéphalopathie spongiforme au Royaume-Uni, 9 en France.

Il y a environ une quarantaine de décès causés par le gaz en France, soit 2 000 sur une période de 50 ans[24].

Selon les dernières estimations, plus lourdes que les premières, la catastrophe de Bhopal aura provoqué le décès prématuré de 7 575 personnes (estimation de 1995).

La catastrophe de Tchernobyl fera, en cinquante ans, entre 4 000 et 16 000[25] morts si les estimations réalisées pour l'OMS par les Académies des sciences des États-Unis, de France et de Suisse sont exactes.

L'épidémie du sida a tué 40 millions de personnes depuis son apparition (1985) et 2,3 millions en 2004, plus de la moitié sont des Africains (23,8 millions depuis le début de l'épidémie).

Chaque année, « la pollution de l'air intérieur provoque le décès prématuré d'environ 2,5 millions de

---

23. Selon l'encyclopédie en ligne Wikipédia, « le bilan exact sera connu sept ans plus tard, au moment de l'ouverture du procès des responsables des différentes sociétés incriminées. 193 personnes, soit 0,6 % des habitants de la zone concernée, ont été atteintes de chloracné, essentiellement des enfants. Aucune n'est décédée, un petit nombre seulement a gardé des séquelles. Parallèlement, la moyenne des cancers et des malformations fœtales n'a pas augmenté de manière significative. » Ces chiffres correspondent à toutes les sources publiées portant sur l'analyse de cette catastrophe.
24. J'ai obtenu ce chiffre grâce à de longues démarches, il semblerait que ce soit un secret Défense !
25. Je pense que le chiffre le plus bas est déjà pessimiste.

femmes et d'enfants de moins de 5 ans et est responsable de 4 à 5 % de la charge mondiale totale de morbidité[26] », soit 125 millions sur 50 ans. Cet air est, pour l'essentiel, pollué par le bois ou le charbon de bois utilisé pour chauffer les aliments, rien donc que de l'énergie aussi « naturelle » que « renouvelable » !

Un sixième de la population mondiale – ce qui représente environ 1 milliard d'êtres humains – est contaminé par une maladie parasitaire (paludisme, leishmaniose, schistosomiase, leptospirose, etc.) ; 4 millions en meurent chaque année. Le paludisme à lui seul tue tous les ans de l'ordre de 3 millions de personnes. Cette maladie avait fortement diminué il y a plusieurs décennies quand on s'est attaqué, sans état d'âme, à son vecteur, un moustique (l'anophèle), grâce notamment au DDT, depuis interdit, nous allons en reparler.

Chaque mort accidentelle est une mort de trop, mort d'autant plus inacceptable que parfois la mort de l'un est provoquée par la recherche de l'intérêt bassement matériel de l'autre.

Toutefois, si nous avons voulu mettre ici ces quelques chiffres, tous facilement vérifiables, c'est qu'il n'y a pas de politique sans connaissance des ordres de grandeur. L'importance de la couverture médiatique dit tout de son aspect spectaculaire mais rien de son ampleur écologique ou sanitaire. Il arrive parfois que les deux convergent (le tsunami en Asie) mais c'est l'exception plus que la règle et la raison vite trouvée : la vague était si impressionnante, si médiatiquement « belle » ! Le plus souvent, il en est de la couverture médiatique comme de la valeur de la vie : les pauvres, encore eux, n'y ont pas plus le droit qu'ils ne reçoivent d'indemnités des compagnies

---

26. Conseil d'administration du programme des Nations unies pour l'environnement, Forum ministériel mondial sur l'environnement, Dubaï, 7-9 février 2006.

d'assurances en cas de mort accidentelle d'un de leurs proches. Les familles de Bhopal ont touché entre 1 500 et 3 000 fois moins d'indemnités que les familles des victimes de l'attentat de Lockerbie.

Les oiseaux du Nord contre les hommes du Sud

Qui, en France sait que des centaines de milliers d'enfants meurent chaque année dans le monde parce que la cuisine familiale, quand elle existe, se cuit au bois ? Qui a conscience que des dizaines de millions d'enfants sont morts parce que des ornithologues amateurs de Long Island aux États-Unis ont conduit à interdire le DDT pour protéger les oiseaux sauvages de cette villégiature privilégiée des New-Yorkais ?

Pendant de longues années le DDT[27] a été un insecticide efficace, bon marché et donc, à ces titres, largement utilisé, trop peut-être. Toujours est-il qu'il permit cependant de très fortement réduire l'incidence du paludisme dans le monde jusqu'à une quasi-disparition dans ce qui n'était pas encore le Bangladesh. Cancérogène « probable », mais il y en a des milliers d'autres qui ont, à certaines doses, des effets toxiques sur la reproduction... des oiseaux.

À la fin des années 1960, Mme Rachel Carson démontre[28] que le DDT fragilise la coque de certains œufs d'oiseaux sauvages et menace la survie de ces volatiles[29]. Quatre scientifiques américains créent l'*Environmental Defense Fund* et poursuivent, en 1967, les producteurs de DDT au nom de l'environnement. C'est une première qui sera aux États-Unis à l'origine du droit de l'environnement.

---

27. Dichlorodiphényl trichloroéthane.
28. Je n'ai pas pu vérifier l'éventuel bien-fondé de cette démonstration.
29. Ils vont bien, merci.

Parce qu'il semblait dangereux pour la reproduction de ces oiseaux, le DDT est interdit en 1972. Selon Paul Benkimoun[30], trente-quatre années et quelques dizaines de millions de morts plus tard, la même organisation non gouvernementale américaine « s'est récemment prononcée pour son utilisation en pulvérisation d'intérieur pour lutter contre le paludisme ». Grand progrès ! L'OMS estime qu'il y a, chaque année, 500 millions de cas de paludisme aigu et de l'ordre de 3 millions de décès annuels. Toujours selon le même article, « utilisée à bon escient et correctement, la pulvérisation d'intérieur permettrait de réduire jusqu'à 90 % de la transmission du paludisme », indique l'OMS. On se demande pourquoi ne pas rechercher les 100 % : après tout, quelque 50 millions de malades (10 % de 500 millions) et 300 000 morts, même à l'échelle de la planète, ce n'est pas rien. On recherche également les raisons qui ont conduit l'*Environmental Defense Fund*, association de 400 000 membres, à revenir sur l'acte créateur. Son site Internet ne dit rien, mais cette reconnaissance des faits est remarquable et exceptionnelle. Toutefois, ses membres ne courent pas le risque d'être poursuivis pour avoir, de par leur action, abrégé la vie de plusieurs dizaines de millions d'hommes : les pays occidentaux ne condamnent pas l'interdiction de l'usage d'un produit essentiel, surtout quand il s'agit des autres, ils condamneraient en revanche les conséquences fâcheuses de l'usage d'un produit globalement bénéfique. Le docteur Kochi de l'Organisation mondiale de la santé, vraisemblablement conscient de ce rapport de force, s'adresse aux défenseurs de l'environnement : « Aidez à sauver les bébés africains, comme vous aidez à sauver l'environnement[31]. » Cette phrase est terrible de réalisme : les oiseaux ici, les

---

30. Paul Benkimoun, « L'OMS relance l'utilisation du DDT contre le paludisme », *Le Monde*, mercredi 20 septembre 2006.
31. Paul Benkimoun, art. cit.

humains là. Il est vrai que les premiers nichent à Long Island dans la banlieue huppée de New York et que les autres sont africains.

Nous ne saurions terminer cette lointaine comptabilité macabre sans rappeler que la mortalité périnatale du Niger était, en 2004, de 278 pour 1 000 (plus de 1 enfant sur 4) et que la guerre est la pire des perturbations environnementales : en 1994, 1 million de personnes sont mortes au Rwanda, 2 millions dans le sud du Soudan depuis vingt ans et qu'entre le « nettoyage ethnique », la malnutrition et le choléra, les morts cumulés du Darfour dépasseront 2,3 millions de personnes et la guerre du Congo, la plus meurtrière depuis 1945, a déjà tué plus de 2,9 millions d'hommes.

Les drames de l'environnement sont bien réels dans les pays du Sud. Les morts prématurées ne sont pas, chez eux, le résultat de calculs statistiques mais concernent des êtres qui, trop jeunes, quittent la Terre faute d'y avoir trouvé des moyens de subsistance ou qui ont été attaqués, sans défense, par des parasites tout ce qu'il y a de plus « naturels ». Ce n'est pas l'environnement qui est dangereux pour l'Occidental, c'est lui-même ; mais si l'Occidental est dangereux pour l'environnement, il ne l'est pas toujours comme voudraient nous le faire croire les écologistes politiques.

4

La nature est-elle simpliste ?

*Plongée dans l'arrière-cour où s'élaborent les normes
et se réalisent les calculs*

*L'écrevisse
Incertitude, ô mes délices
Vous et moi nous nous en allons
Comme s'en vont les écrevisses,
À reculons, à reculons[1].*

Guillaume APOLLINAIRE,
Le Bestiaire.

Retour aux morts statistiques
ou les ravages de la « linéarité »

Un produit, une substance, un rayonnement dont on a
pu démontrer la toxicité avérée pour une dose donnée,
est-il toujours toxique si la dose est 10, 100 ou 1 000 fois
moindre ? Oui, répondent le plus souvent les experts
qui émettent l'hypothèse selon laquelle, si la toxicité d'un
produit est établie pour une dose de un gramme, une
personne sur 1 000 sera atteinte des mêmes maux si la
dose reçue par chacune de ces mille personnes est de un
milligramme. Dans certains cas cependant[2], ils admet-

---

1. Je remercie Jean-Louis Portos d'avoir attiré mon intention sur ce poème.
2. Notamment pour les rayonnements ionisants produits par la radioactivité
naturelle ou artificielle.

tent qu'il faut dépasser un certain seuil pour que l'effet toxique soit sensible. Ce débat est donc à la fois celui des très petites doses et de la linéarité des effets biologiques.

Que le lecteur se rassure : ce sujet n'est pas austère. Il touche, nous le verrons, notre vie de tous les jours et a des impacts très sérieux pour l'agriculture, l'industrie, l'alimentation et la vie de certains hommes sur Terre. Nous n'allons pas ici ni nous lancer dans des explications compliquées, ni faire appel à des notions abstraites ; nous nous limiterons à la règle de trois, au raisonnement logique et au sens de l'humour. Ce dernier ingrédient est essentiel pour ne pas hurler de rage devant la bêtise précautionneuse de ceux qui cachent leur ignorance derrière des coefficients pifométriques et prennent un brin d'herbe pour un séquoia géant.

Nous avons déjà montré le ridicule de l'hypothèse de linéarité en évoquant plus haut que les normes acceptables en matière de dioxine étaient de quelques picogrammes[3] (aucune toxicité n'a pu être démontrée à cette dose, mais c'est le degré de sensibilité de l'instrument de mesure), en rappelant que chacun pouvait aisément vérifier que 1 000 poids de 1 gramme lâchés successivement sur le pied faisaient moins mal que, une fois, un poids de 1 kilo, ou que si la température interne du corps augmente de 1 degré on est malade, si elle augmente de 6 on est mort.

---

3. Chacun se fait une idée de ce qu'est un gramme. Un millionième de gramme devient une notion très abstraite, mais j'avoue être dans la totale incapacité de me faire une idée de ce que pourrait être un millionième de millionième de gramme, soit un picogramme !

Toxicité biologique et toxicité bureaucratique

Il est donc nécessaire à ce stade de distinguer le danger réel d'un produit et son seuil juridique de toxicité. On va voir que ni l'un ni l'autre ne sont aisés.

Il s'agit tout d'abord de mesurer à quelle dose un produit est toxique. Des études soit sur l'homme[4], soit sur d'autres organismes vivants, soit en laboratoire, permettent de repérer le lien entre l'exposition à un agent et ses effets sur l'organisme étudié. Ces études permettent d'établir des valeurs toxiques de référence (VTR).

La France participe (peu) à leur élaboration, mais utilise par nécessité celles définies en Europe et, plus souvent encore, aux États-Unis. Elles indiquent – en principe – le lien entre la quantité de substance toxique et l'effet nocif potentiel sur une personne exposée.

Certains agents sont considérés « à seuil » c'est-à-dire que, pour eux, aucun effet nocif n'est décelé en dessous d'un certain degré d'exposition et des agents « sans seuil » qui seraient toxiques dès la plus infime dose. En pratique, les agents qui agissent sur les gènes (les agents génotoxiques et notamment les rayonnements ionisants) sont considérés sans seuil et les autres sont des agents à seuil. Pour eux est calculée la NOAEL *(No Observed Adverse Effect Level)* ou, en français, la dose sans effet contraire observé. Toutefois, « un facteur de sécurité est appliqué à cette dose pour tenir compte d'incertitudes liées à la variabilité intra-espèce et inter-espèce ou, le cas échéant, à l'inadéquation des données (temps d'exposition, durée d'étude), ou encore à des insuffisances méthodologiques. Ce facteur de sécurité[5] peut varier de 10 à 10 000. Ainsi sont établies des doses de référence

---

4. Études liées, cela va sans dire, à des accidents.
5. La renommée de l'organisme qui établit ces normes est également prise en compte.

qui permettent de définir des normes ou standards (NOAEL divisée par le facteur de sécurité). Il s'agit de doses journalières admissibles ou tolérables (DJA ou DJT) pour les expositions par voie orale, exprimées en mg/kg/j, et des concentrations atmosphériques admissibles (CAA), pour les expositions par voie respiratoire, exprimées en microgramme par centimètre cube[6] ».

Ces définitions appellent deux remarques. Tout d'abord, comme nous le verrons en analysant les données empiriques portant sur les rayonnements ionisants, qu'ils proviennent de votre conjoint[7], du sol, du ciel, de la médecine, de Tchernobyl ou d'ailleurs, il existe certains agents pour lesquels les doses sont considérées « sans seuil ». C'est une convention, il y a toujours un seuil : en dessous d'une certaine dose de rayonnement aucun effet toxique n'est apparent, heureusement d'ailleurs car nous sommes en permanence irradiés[8]. La seconde touche bien entendu le « facteur de sécurité » de « 10 à 10 000 », nous dit-on, facteur d'ignorance autant que de sécurité. En général, le facteur retenu est de 1 000 et parfois, il est pris, pour faire bonne mesure, un second facteur de sécurité, à son tour de 1 000, soit donc 1 million. Déjà un facteur de 100 consiste à considérer que l'on passe impunément de la taille d'une herbe des champs (d'un mètre environ) à un séquoia géant de 100 mètres, un facteur de 1 000 consiste à prendre la traversée de Paris pour un voyage à San Francisco avec quelques détours en chemin, quant à 1 million...

Il ne faut donc pas nécessairement s'inquiéter si dans le lait un chimiste précautionneux trouve 50 fois ou 100 fois la dose de dioxine autorisée par l'Union européenne :

---

6. Sabine Hoste *et al.*, « L'Évaluation des risques sanitaires : principe et méthode », *Observatoire régional de la santé d'Ile-de-France*, avril 2006.
7. Il ou elle vous irradie et pas uniquement de sa beauté.
8. Rassurez-vous, à très petites doses.

cette dose demeure, à ce stade, très en dessous de la dose toxique.

Quand ces questions sont évoquées dans les médias, il faudrait tenter de rechercher comment la norme a été fabriquée et quel coefficient de sécurité a été retenu avant de modifier d'éventuelles habitudes. Cette tâche est d'autant plus nécessaire[9] que s'est instituée une curieuse pratique, une sorte de course-poursuite entre l'intelligence des chimistes et le zèle précautionneux des bureaucrates. Au fur et à mesure que la chimie analytique progresse, qu'elle permet de déceler des traces de plus en plus en plus infimes d'un élément, les normes autorisées par Bruxelles baissent. Les conséquences sont dramatiques, pour les entreprises en particulier et l'économie en général, car bien entendu il faut investir pour respecter ces seuils et investir sinon pour rien, du moins rien de démontré. Du gâchis ! Heureusement, ce n'est pas parce qu'une norme devient plus exigeante que le seuil de toxicité augmente.

Pour reprendre un document on ne peut plus officiel[10] : « La problématique santé environnement suscite énormément de questions. [Elles tiennent] au manque de connaissances et au contexte d'incertitude voire d'ignorance scientifique dans lequel les évaluateurs de risque en matière de santé environnementale interviennent. Dans la plupart des pays de l'OCDE, la nature des problèmes à traiter a changé, passant de la toxicité aiguë liée à l'exposition à des doses importantes à la toxicité chronique résultant de l'exposition prolongée à des faibles doses de polluant (pour la majorité desquelles on ne dispose pas de valeur de référence et donc pour lesquelles l'établisse-

---

9. Elle est aussi difficile car les médias s'intéressent peu aux considérations pratiques.

10. Benoit Vergriette, « Santé environnement : problèmes et méthodes », ministère de l'Écologie et du Développement durable, série *Méthodes* n° 02-M02.

ment de normes s'avère problématique). Par ailleurs les valeurs dont on dispose sont établies polluant par polluant et milieu par milieu alors que les sources d'exposition sont multiples. »

Autrement dit, on n'en sait rien. Bien entendu parmi les 70 000 substances chimiques commercialisées dans le monde, beaucoup sont toxiques. Il est vraisemblable qu'à des doses relativement faibles certaines le demeurent[11]. Il est également imaginable que dans l'entrepôt chimique que constituent notre cuisine ou notre salle de bains, certains produits interagissent, mais aussi, et c'est pour cela que nous les achetons et les conservons, ils tuent les bactéries, permettent de nettoyer linge, vaisselle et moquette et globalement semblent être bien utiles.

Chercher à se faire peur : les « épidémies »
de cancers et des maladies mentales sont-elles
le prix de la modernité ou, plus simplement,
des questions de (mauvaise) mesure ? En France,
le risque de mourir par cancer ne s'accroît pas,
il baisse.

De 1978 à 2000, à structure de population identique, l'incidence des cancers a crû en France de 35 %. D'où vient cette croissance ? Est-ce « l'environnement » et notamment dans cet environnement les produits chimiques ? Est-ce la capacité des techniques de dépistage qui permet de déceler des tumeurs de plus en plus précoces ? Les deux peut-être mais si tel est le cas, dans quelle proportion ? En attendant les réponses à ces questions, il n'y a pas de quoi s'alarmer car, très bonne nou-

---

11. Certaines cerises traitées me causent une réaction allergique immédiate alors que ce n'est pas le cas des cerises prises sur l'arbre.

velle : le risque de mourir d'un cancer en France ne s'accroît pas, il diminue. « Le nombre de décès par cancer en France a augmenté de 15,5 % entre 1980 et 2000. Les changements démographiques auraient dû conduire à une augmentation de 29,1 % : 10,3 % à cause de l'accroissement de la population et 18,8 % à cause de son vieillissement. L'augmentation observée est donc inférieure à celle attendue parce que les effets démographiques ont été en grande partie compensés par la réduction du risque de décès par cancer. Cette réduction a été de 13,6 %, c'est-à-dire 29,1 moins 15,5 %[12]. » Si l'incidence s'accroît donc, la mortalité baisse. Le premier chiffre inquiète, le second rassure, heureusement c'est celui qui compte.

L'Institut de veille sanitaire (l'InVS) a mis au point, à dire d'experts, une méthode permettant de classer les tumeurs qui ont ou auraient un lien avec l'environnement. Si certaines origines sont incontestables (le mésothéliome de la plèvre produit par l'amiante, les mélanomes de la peau favorisés par l'exposition au soleil, le cancer du poumon par le tabac...), d'autres ne sont pas encore démontrées. « L'étude des liens de causalité entre cancer et environnement et la mesure des risques, en particulier aux faibles doses et à long terme en population générale, se heurtent aux limites des connaissances et des méthodes disponibles. Les connaissances fondamentales sur la cancérogenèse se transposent très difficilement à l'échelle humaine ou populationnelle pour de multiples raisons : inconnues sur la latence, interrogations sur l'existence d'effets de seuils, multiplicité des expositions potentiellement carcinogènes pouvant se renforcer ou se neutraliser[13]. » On sait rarement. En outre, rappelons,

---

12. Catherine Hill, Françoise Doyon, « Mortalité par cancer en France : le nombre de décès augmente, mais le risque de décès par cancer diminue », *La Presse médicale*, mars 2007.
13. Joëlle Le Moal *et al.*, « Cancers prioritaires à surveiller et à étudier en lien avec l'environnement », *InVS*, juillet 2006.

une fois encore que cette incidence n'a pas empêché l'espérance de vie des Français de croître substantiellement durant la même période. Certes la question était légitime : l'espérance de vie aurait peut-être pu croître plus vite encore, mais dans ce cas **la croissance des cancers est, pour l'essentiel, due à notre plus grande capacité à les détecter.** Les ravages de cette épidémie statistique sont la peur et un de ses enfants monstrueux : l'acharnement bureaucratique.

On pourrait croire que la bêtise a dans ce domaine des limites, eh bien non, la réalité dépasse la fiction. La Commission européenne envisage en effet de classer l'éthanol, autrement dit l'alcool, celui de la bière, du vin et du cognac, en « substance cancérigène mutagène et reprotoxique (CMR) », la pire des catégories, celle des produits qui non seulement induisent des cancers, agissent sur la reproduction, mais provoquent des mutations génétiques transmissibles à la descendance. Terrible ! Ceci aurait notamment pour effet d'interdire l'usage de l'alcool dans les... parfums, oui, oui, Chanel n° 5, Shalimar, Opium. Toute la parfumerie de luxe disparaîtrait, soit un tiers de l'industrie française de la cosmétique. « De quoi faire le miel des associations écologistes, qui multiplient les attaques contre les substances chimiques[14] en usage dans les produits de beauté[15]. » Comme si les extraits « naturels » de rose ou de lavande n'étaient pas chimiques, mais passons ! L'industrie réagit par le président de la Fédération professionnelle concernée, Alain Grangé-Cabanne : « C'est totalement inimagi-

---

14. Si au pauvre Noé, celui de l'arche, qui avait, relate la Bible, l'amour du vin au point de s'enivrer jusqu'à se « découvrir au milieu de sa tente », on avait dit que son ébriété était « chimique », nul doute qu'il aurait pris toutes ses précautions. Je doute toutefois que cette information ait évité le déluge.

15. Nadine Bayle, « Parfum d'angoisse dans l'industrie cosmétique », *Les Echos*, jeudi 19 octobre 2006.

nable, il faut faire la distinction entre le danger et le risque. L'alcool est incontestablement dangereux quand on le consomme ou respire en grande quantité, mais son utilisation comme ingrédient dans nos produits est reconnue d'une totale innocuité.» Très doctement, l'agence française (l'AFSSAPS) indique : « Nos travaux d'évaluation se poursuivent » et, timidement, ne désespère pas, le moment venu, de plaider pour obtenir une dérogation pour les parfums dans le cas où « son utilisation [celle de l'alcool] s'avèrerait sans risque». Si la Commission européenne a raison, je plains ma pauvre descendance. J'avoue avoir aimé respirer la fragrance des parfums et aussi celle des vins, du vieil armagnac et du cognac hors d'âge quand j'en ai eu les moyens ou l'opportunité. Je plaide responsable et coupable et, dans ce domaine, ai la ferme intention de continuer et pour cela de participer à toute manifestation organisée. Pour redevenir austère, j'étais sérieux, *quid* de l'avenir de ce merveilleux désinfectant qu'est l'alcool, de l'alcool à brûler, de certains produits à base d'alcool pour nettoyer les vitres ? Bien entendu, là encore, dans certaines circonstances, à certaines doses, l'éthanol peut être dangereux – les hommes le savent au moins depuis Noé –, mais de là à interdire son usage, on croit à un cauchemar ubuesque, mais non, tout ceci est bien réel. Européens, réveillez-vous !

En psychiatrie, s'ajoute non seulement la question des instruments, mais aussi celle des unités de mesure. Ainsi, une épidémie peut sembler s'étendre, il n'en est souvent rien, si ce n'est que les définitions changent, les instruments de mesure se transforment et parfois s'améliorent. Il en est ainsi de l'autisme. Si, avant 1990, l'autisme ne semblait frapper que 4,7 enfants américains sur 100 000, ce chiffre est aujourd'hui de 67. La croissance est apparemment phénoménale : plus de 14 fois (1 426 %) en moins de 20 ans ! L'anthropologue américain Roy

Richard Grinker[16] explique que si ce diagnostic a été de plus en plus souvent donné c'est parce que les définitions se sont étendues, parce que les écoles ont été contraintes de déclarer ce type de symptômes, parce dans certains États il existe des aides financières et, enfin, parce que les médecins sont aujourd'hui plus enclins à déclarer cette maladie sans craindre de stigmatiser le comportement des parents. Les enfants pour lesquels on donnait autrefois d'autres diagnostics sont aujourd'hui appelés autistes. D'ailleurs, dans 47 États américains, le nombre global d'enfants recevant une éducation spécialisée pour arriération mentale a baissé. Il y a donc eu plus vraisemblablement transfert d'étiquette[17] que réelle épidémie.

---

16. Roy Richard Grinker, *Unstrange Minds – Remapping the World of Autism*, Basic Books, 2007.
17. Claudia Wallis, « What Autism Epidemic ? », *Time*, February 27th, 2007.

5

Le risque nucléaire[1]

> « Seule la dose fait le poison. »
>
> PARACELSE

Il n'existe pas de domaine où l'opinion, y compris de personnes éduquées, soit aussi éloignée des faits. Il n'existe pas de domaine où la présentation de résultats d'expérience ou de statistiques soit aussi controversée, pour ne pas dire impossible. Il n'existe pas de domaine où la passion l'emporte aussi clairement sur la raison. Pourtant les bienfaits – il y en a de nombreux – et les dangers – certains considérables – des rayonnements ionisants sur les êtres vivants sont bien connus et vont nous permettre d'illustrer quelques questions plus générales de santé publique.

La planète, les plantes, les animaux, les humains donc, depuis qu'ils sont apparus sur Terre, ont été irradiés. Quand est née la vie, la dose de rayonnements ionisants qui atteignait l'écorce terrestre était cinq fois plus impor-

---

1. Je n'ai jamais travaillé pour EDF ou AREVA. Si à un moment de ma vie mes chemins se sont rapprochés du CEA, c'est pour siéger au Conseil d'administration de sa filiale médicale (ORIS-Industrie), malheureusement depuis disparue.

tante qu'aujourd'hui car l'atmosphère était à l'époque moins protectrice[2]. Il est donc logique d'en conclure, sans prendre un risque démesuré, que la vie est compatible avec une certaine dose de rayonnement. Les sources de rayonnement[3] sont multiples et tout d'abord naturelles. Depuis cent dix ans elles peuvent aussi être artificielles. Le rayonnement naturel provient de la galaxie (et notamment du soleil), du sol ou des êtres vivants[4]. Le rayonnement artificiel le plus souvent absorbé par les humains trouve sa source dans les applications médicales de la radioactivité (examen de radiologie par rayons X, traitements et examens de médecine nucléaire, radiothérapie des tumeurs...) et beaucoup plus faiblement en proportion de l'activité industrielle[5] : le rapport est de 1 à 13 (1 300 %)[6].

Le terme rayonnement « ionisant » couvre l'ensemble des particules (rayonnement alpha = noyau d'hélium, ou bêta = un électron) et des rayonnements électromagnétiques[7] (rayonnement gamma) émis quand un atome se transforme soit naturellement, soit artificiellement. Ces

---

2. Plus on s'élève en altitude, plus on est irradié. C'est le cas des personnes qui vivent en altitude plutôt qu'au bord de la mer mais aussi de celles qui prennent l'avion. Un vol en avion de ligne, entre 10 000 et 12 000 mètres d'altitude, conduit à recevoir entre 100 et 300 fois la dose que l'on recevrait au sol durant la même durée.

3. Attention ! Nous n'évoquons ici que l'effet des rayonnements ionisants. L'uranium inerte, à l'instar d'autres métaux (plomb, cadmium...), peut, à certaines doses, modifier en laboratoire l'activité enzymatique de la cellule. Ce métal semble n'agir ni sur le foie, ni sur les reins mais sur l'expression d'un gène. Ces données, pour être extrapolées à l'homme, nécessiteraient des études épidémiologiques qui n'ont pas été réalisées.

4. Je, tu, nous irradions en permanence, à toute petite dose, mais à dose certaine, notamment à partir du potassium 40 présent dans nos tissus. La datation des êtres vivants et de certains objets fabriqués par l'homme se fait grâce à la présence d'un isotope radioactif du carbone : le carbone 14.

5. 1,3 millisievert pour les activités médicales, 0,1 millisievert pour les activités industrielles ; source : Nations unies – UNSCEAR.

6. Schéma de l'Annexe 11.

7. C'est un rayonnement analogue à celui de la lumière mais plus énergétique.

rayonnements dégagent une énergie qui peut être mesurée, mais attention aux unités de mesure ! En effet, non seulement elles ont évolué avec le temps, mais elles varient selon que l'on considère le point de vue de l'émetteur (la source du rayonnement) ou celui du récepteur (homme, objet, matériau).

Pour ce qui est de la source, l'unité de mesure indique le nombre de noyaux qui se désintègrent par unité de temps, cette unité est aujourd'hui le becquerel (une désintégration par seconde). Autrefois on utilisait le curie (un curie est égal à 37 milliards de becquerels) !

Pour ce qui est du récepteur, il convient d'être attentif car, soit le point de vue retenu se limite à la mesure de l'énergie absorbée et c'est de la physique pure, soit il s'efforce de mesurer les dommages vraisemblables de cette dose sur les êtres vivants et dans ce cas, c'est de la physique mélangée à de la biologie auxquelles s'ajoute une bonne dose de bureaucratie. En effet, ce sont des textes juridiques qui définissent alors les coefficients qui permettent de passer d'un type de mesure à l'autre !

L'énergie absorbée se mesure donc tout d'abord en joule par kilo, c'est le gray (1 kilojoule / kg[8]). Jusque-là c'est clair et sans ambiguïté, même si cela nécessite quelques secondes de concentration, mais comme une même dose de rayonnement n'a pas le même impact sur le corps humain et ne cause pas les mêmes dégâts selon la nature des tissus atteints, selon le type de rayonnement (alpha, bêta ou gamma), selon qu'il y a ou pas contact direct avec l'élément radioactif, il était tentant de rechercher un indicateur synthétique : c'est le sievert[9] (1 sievert est égal à un gray multiplié par 1 ou plusieurs coefficients k[10]).

---

8. L'ancienne unité de mesure était le rad égale à un centième de gray.
9. L'ancienne unité était le rem (1 sievert = 100 rem).
10. K = 1 si le rayonnement est un rayonnement bêta, k = 40 si c'est un rayonnement alpha, k = 0,12 pour la moelle osseuse, k = 0,01 pour la peau...

En résumé toutefois, c'est assez simple[11] :

L'intensité d'une source radioactive (appelée aussi activité) est mesurée par le becquerel (symbole Bp) : un becquerel correspond à une désintégration par seconde.

La quantité de radioactivité absorbée par un matériau ou un individu est mesurée par le gray (symbole Gj). Elle est définie par la quantité d'énergie déposée dans un kilogramme de matière. Le gray correspond à un joule par kilogramme.

L'effet produit sur l'individu exposé est mesuré par le sievert (symbole Sv). C'est aussi une énergie déposée, entre autres, par kilogramme de matière vivante.

Les rayonnements ionisants sont-ils dangereux pour la santé ?

Oui, à forte dose, ils peuvent être mortels : il s'agit d'énergie. Les habitants d'Hiroshima, de Nagasaki, les employés et les liquidateurs de Tchernobyl en ont fait la terrible expérience. À dose élevée, les rayons détruisent des cellules, induisent des brûlures de la peau, provoquent des vomissements, et les dégâts sur des tissus comme la moelle osseuse – celle qui génère les globules – sont parfois tels qu'ils peuvent entraîner la mort.

À dose moins élevée, également : certaines cellules peuvent être atteintes et déclencher, plus tard, une maladie. En effet ces rayonnements ionisants, ni plus ni moins que les rayons du soleil, ni plus ni moins que certains aliments « oxydants », attaquent l'ADN des cellules. Plus la dose est élevée, plus la fréquence de certaines maladies (leucémies, cancer de la tyroïde, des voies digestives, du

---

11. Je remercie mon collègue Jacques Foos pour m'avoir aidé à décrire cette relative simplicité.

poumon...) est grande. Les tissus les plus atteints sont ceux dont les cellules se divisent le plus. Ces maladies n'apparaissent pas tout de suite, l'effet est différé et toutes les personnes exposées ne font pas systématiquement l'une ou l'autre de ces maladies. Parmi les 86 500 survivants[12] suivis d'Hiroshima et de Nagasaki, 249 ont été atteints d'une leucémie et 7 578 ont été atteints d'un cancer entre 1945 et 1990. Les premiers physiciens qui se sont intéressés à la radioactivité, dont Marie Curie, les premiers radiologues avant que ne se développe la radioprotection en ont également été les victimes.

Enfin, en ce qui concerne les très faibles[13] doses, il n'a pas été possible de mettre en évidence un effet pathogène[14] chez l'homme, c'est même l'inverse qui semble avoir été démontré, à savoir que certaines doses, très faibles, seraient bénéfiques. C'est le phénomène d'« hormesis » : le corps soumis à de faibles doses de radioactivité pourrait ensuite se défendre contre des irradiations plus massives. Cependant, principe de précaution oblige, le consensus international considère que toute exposition, même minuscule, aux rayonnements ionisants est susceptible d'avoir un effet sur l'une ou l'autre des personnes exposées et que cet effet est linéaire. Autrement dit, si la dose x est mortelle, un millionième de x sur une population de 1 million de personnes en tuera une. Cette hypothèse n'est pas scientifique car on ne peut pas démontrer qu'elle est fausse[15] : elle est politique. La fréquence des cancers dans la population est malheureuse-

---

12. Il y eut 200 000 victimes.
13. Bien entendu, ce qualificatif de « faible » a besoin d'être défini. Nous verrons que les normes internationales en la matière ne sont pas « faibles » mais infimes.
14. Des études ont été réalisées sur le personnel navigant des compagnies aériennes, sans qu'elles aient été capables de démontrer un effet. Il est vrai que même pour eux l'accroissement de dose est faible : quelques millisieverts.
15. Je reprends ici à mon compte le critère de Karl Popper : cet énoncé prédictif n'est pas testable.

ment très supérieure à 1 sur 1 million et cet effet, s'il existait, j'en doute, ne pourrait pas être distingué des autres facteurs qui favorisent la cancérogenèse. Cette pathogenèse des rayonnements à faible dose n'existe vraisemblablement donc pas, et si elle existait, elle serait minuscule. La dose officiellement « tolérée » est 1 million de milliards de fois moindre 1/1000000000000000 (15 zéros) que la dose mortelle d'Hiroshima[16].

Le rayonnement naturel varie grandement sur la planète[17] et, même en France, des écarts importants d'irradiation sont constatés selon la région de résidence. En Iran (Ramsar[18]) et en Inde (Kerala), du fait de la proximité de sources chaudes radioactives, la dose reçue par certains habitants va jusqu'à dépasser de 240 fois la dose maximale tolérée pour la radioprotection. Elle est de 55 à 200 fois plus élevée que dans les régions avoisinantes. Ces populations non seulement ne semblent pas affectées, mais un certain nombre d'études ponctuelles paraissent mettre en évidence un effet positif de faibles doses d'irradiation[19]. Tout se passerait donc comme si le mécanisme de réparation cellulaire était activé par ces doses. Il en serait donc des rayonnements ionisants comme de l'alcool : un peu est mieux que pas du tout, et plus qu'un peu devient rapidement dangereux. Pour les matheux, le modèle empirique constaté est une courbe en J et non pas le modèle linéaire sans seuil. Ce dernier, sans fondement donc, conduit à investir des milliards de dollars à pure perte, semble-t-il.

---

16. C'est le rapport entre un gramme et un milliard de tonnes !
17. De l'ordre de 1 à 500 millisieverts par an selon la région d'habitation.
18. S. M. Javad Mortazavi, « High Background Radiation Areas of Ramsar, Iran », *Biology Division*, Kyoto University of Education, avril 2006.
19. Dans la région de Yangjyang en Chine, les radiations annuelles reçues par la population sont cinq fois supérieures à celles recommandées par les instances internationales en matière de radioprotection, la mortalité par cancer serait de 15 % inférieure à celle des régions voisines où la dose annuelle est de 2,1 et non pas de 5,5 millisieverts, interview de Zbignew Jaworowski par la BBC le 14 juin 2000.

Le plutonium, poison chimique et radioactif, n'est-il pas dangereux, même à dose infime ? Ralph Nader prétendait que l'on pouvait tuer l'humanité avec 500 grammes de plutonium[20], Theodore Rockwell[21] lui répondit que cette éradication de l'espèce humaine était également possible avec 500 grammes d'air ! Dans les deux cas la condition est la même : les 6 milliards d'êtres humains doivent accepter de se faire faire, à la queue leu-leu, chacun, une injection létale d'air[22] ou de plutonium !

Naissance du doute

J'ai commencé à douter de la réalité des morts statistiques à des faibles doses de rayonnements ionisants quand j'ai pu étudier directement certaines des conséquences sanitaires d'une catastrophe nucléaire dans l'ex-Union soviétique.

Quand est tombé le mur de Berlin, le drame écologique des pays de l'Est, déjà documenté par quelques soviétologues[23], était ignoré du public. Il apparaît soudainement au grand jour et est d'une violence inouïe : le drame dépasse tout ce qu'il était possible d'imaginer. Il perdure. La révolution soviétique ne s'encombrait pas d'états d'âme écologiques !

Au début des années 1990, la Commission européenne finança plusieurs études destinées à mesurer l'ampleur des conséquences sanitaires de cette catastrophe écologique multidimensionnelle, et notamment celles de plusieurs catastrophes nucléaires, car Tchernobyl ne fut pas

---

20. De fait il faudrait 1 000 fois cela.
21. Theodore Rockwell, « Discussions of Nuclear Power should be based in Reality », *The Scientist*, March 16th, 1998.
22. Une bulle d'air dans une veine n'est pas bonne pour la santé, pas du tout !
23. Michael Specter notamment.

la première. C'est ainsi que l'entreprise que je dirigeais alors[24] fut lauréate d'une étude destinée à mesurer les conséquences sanitaires de l'accident nucléaire du complexe de Mayak en Oural, proche de la ville de Tcheliabinsk.

Le 29 septembre 1957 à 16 h 25 s'est produit un accident nucléaire de niveau 6, pas tout à fait le niveau maximum (Tchernobyl l'est, et atteint le niveau 7), mais presque. Un conteneur de produits radioactifs a en effet explosé ce jour-là, dispersant 2 millions de curies[25] dans l'atmosphère. Certaines personnes moururent, quelques villages furent évacués – mais seulement une semaine après –, la majorité des gens restèrent sur place et l'essentiel de la zone contaminée de 1 000 km² ne fut pas évacué. Ainsi 500 000 personnes reçurent une dose « élevée » de radiations ionisantes. Il y a quinze ans, la zone interdite couvrait encore 19 000 hectares. Cet accident n'était pas le premier à cet endroit : quelques années auparavant, des produits fortement radioactifs laissés à l'air libre se déversaient dans les rivières quand il pleuvait et contaminaient berges, lacs et nappes phréatiques. Nous devions mesurer un quart de siècle plus tard les conséquences sanitaires de cette catastrophe. C'était techniquement possible.

En effet, une fois les produits radioactifs retombés, il est relativement aisé de cartographier *a posteriori* les doses cumulées d'irradiation reçues par une population sédentaire, car les substances radioactives laissent leur signature et leur demi-vie[26] est précisément connue. En outre, l'analyse systématique des dossiers médicaux, quand ils sont bien tenus, ce qui était le cas, permet d'es-

---

24. La SANESCO.
25. Le curie était l'unité de mesure de la radioactivité émise.
26. Temps qu'il faut pour que la moitié d'une substance radioactive se transmute. Ce temps est éminemment variable selon la substance.

timer les conséquences sanitaires en mesurant la prévalence des maladies radio-induites et en comparant cette
population à une population vivant dans des conditions
similaires. Ce ne fut pas le plus facile à trouver car la pollution non radioactive (air, eau, sols...) était aussi considérable dans cette zone. Si le travail de cette année de
recherche nous apprit que le taux de leucémie de cette
population était le double (quelques cas) de celui des
populations de villes comparables, cette différence n'était
pas statistiquement significative. Elle pouvait être attribuée au hasard. Par ailleurs, nous n'avons pas pu déceler
d'effet tératogène[27] particulier.

Autrement dit, les rayons ionisants avaient un effet
pathogène bien moindre que celui auquel nous nous
attendions, tout au moins il n'était pas mesurable par les
méthodes employées. Ce long travail déçut les collectivi-
tés locales concernées car l'argument sanitaire, surtout
quand le nucléaire est en jeu, est important pour attirer
les fonds internationaux ; elles perdaient l'argent du fait
de la rigueur de notre étude.

Le cas des irradiés de Taiwan vaut également la peine
d'être cité[28]. En effet, dans cette île, il s'est trouvé que
180 immeubles ont été construits avec des matériaux
irradiés. Un ferrailleur avait acheté la carcasse d'un irra-
diateur au cobalt[29] sans savoir que la source était encore à
l'intérieur. Coulé avec d'autres métaux, il a servi à fabriquer des fers à béton qui constituèrent l'armature de ces
immeubles. Cette grave faute n'a été connue que vingt
ans plus tard. Ainsi donc, pendant vingt ans, 10 000 personnes vivant dans les 1 700 appartements de ces
immeubles ont reçu des « débits de dose » allant de 20 à

---

27. Naissance d'enfant mal formé.
28. Je remercie mon collègue, Jacques Foos, d'avoir attiré mon attention sur
ce cas et de m'avoir fourni les références bibliographiques.
29. Appareil utilisé en radiothérapie pour le traitement des cancers.

500 mSv/an[30] (soit des doses cumulées allant de 400 à 6 000 mSv sur 20 ans). Rappelons que la dose moyenne d'irradiation en France est de 1,55 mSv/an. Selon le modèle de la Commission internationale de protection radiologique (CIPR), une telle exposition aurait dû, pour cette population, faire passer le nombre de décès par cancer de 217 (taux « normal ») à 287, les décès observés furent de 224. De même, les anomalies héréditaires statistiquement « normales » auraient dû être de 46, le modèle en prévoyait 64, 49 furent constatées. Cette très légère croissance n'est statistiquement pas significative. Certes, ces irradiations sont regrettables, mais cette triste erreur montre, une fois encore, que les normes sont très prudentes et les modèles heureusement pessimistes[31].

En 2006, ma surprise fut donc moins grande quand j'ai pris connaissance du fait que le nombre de décès par leucémie ou lymphome des enfants d'Ukraine avait baissé après la catastrophe de Tchernobyl. Oui, baissé[32] !

« La mortalité tumorale des enfants et adolescents (de l'Ukraine) est très largement dominée par les tumeurs du sang et des organes hématopoïétiques : leucémies et lymphomes. [...] Elles diminuent lentement sur toute la période avec une accélération au cours des dernières années peut-être liée à une meilleure diffusion de traitements plus efficaces. L'évolution de la mortalité due à ces tumeurs, particulièrement sensibles aux radiations atomiques, paraît en tout cas ici n'avoir nullement été marquée à cet âge par la catastrophe de Tchernobyl. **Au contraire, c'est justement quatre ou cinq ans après**

---

30. Millisieverts.
31. W.L. Chen et Y.C. Luan « The beneficial health effects of chronic radiation in the incident of Co-60 contaminated apartments in Taiwan » ; *48th Annual Meeting of the Health Physics, San Diego, 1999* ; Nuclear Sciences and Technology Association, Taipei, Taiwan.
32. Graphique de l'Annexe 12.

l'explosion du réacteur que la mortalité par leucémies et lymphomes a commencé à diminuer[33]. On pourrait même à la limite imaginer un effet inverse de la catastrophe : attirant l'attention et la coopération occidentale sur ce type d'affections, elle a peut-être finalement permis à l'Ukraine de bénéficier de meilleurs traitements dans les années plus récentes[34]. »

C'est très gênant, mais dans ce cas particulier plutôt très heureux, la nature ne semble pas respecter les prévisions inquiétantes de certains épidémiologistes. Ainsi, si l'on observe l'estimation des maladies professionnelles et des décès dus à ces maladies dans toute l'Union européenne de 2001 (Union à quinze de 378,7 millions d'habitants environ), on y voit que les mines de charbon sont légèrement plus fatales que celles d'amiante et les unes et les autres cent fois plus que l'usage, y compris l'usage médical, des radiations ionisantes[35]. Il existe par ailleurs très peu de décès ou de maladies provoqués par des agents chimiques. L'essentiel provient, d'une part, des maladies respiratoires des mineurs, des boulangers, des personnes qui travaillent dans les aciéries et, d'autre part, des maladies associées à un travail physique pénible, notamment dans l'industrie du bâtiment.

Prenant connaissance de ces chiffres européens, je n'arrive pas à croire, en dépit des sous-déclarations fréquentes des maladies professionnelles en France tout au moins[36], qu'il puisse exister un tel écart entre les morts calculés pour des expositions à faible dose de tel ou tel toxique et les morts tristement réelles de personnes qui ont dû pour des raisons professionnelles manipuler ces éléments ou vivre dans leur atmosphère avant d'en mou-

---

33. C'est moi qui souligne.
34. France Meslé et Jacques Vallin, *op. cit.*, p. 208.
35. Annexe 13.
36. Mais la France ne fait pas partie des pays qui ont effectivement répondu.

rir. Certes, dans un cas, il s'agit de la population générale et, dans l'autre de la population au travail (le rapport est d'environ de 1 à 3), mais ce n'est pas l'ordre de grandeur obtenu par le calcul des morts attribuables à telle ou telle pollution. Ainsi l'AFSSE indique : « En 2002, de 6 453 à 9 513 personnes âgées de plus de 30 ans sont décédées d'une exposition à la pollution par les particules fines (d'une taille inférieure à 2,5 microns), émises par les automobilistes. » Seraient-elles plus dangereuses que les mines d'amiante ou les mines de charbon ? Peut-être. Je doute toutefois de la réalité humaine de ce qui n'est que le résultat d'un calcul à partir d'hypothèses incertaines. Et dans le domaine des maladies respiratoires, combien sont décédés à la suite du printemps qui nous contraint à respirer des pollens allergisants ? Combien ont de l'asthme produit par des contacts avec les acariens ?

Personne n'est contre le printemps, en revanche beaucoup de nos concitoyens sont « contre » les produits chimiques, le nucléaire ou les OGM. Les conférences données sur ces thèmes m'ont appris que les substances chimiques, les rayons ionisants étaient classés par certains auditeurs de manière manichéenne : d'un côté les « bons », et de l'autre les « mauvais ». Un auditeur n'arrivant pas à réconcilier ses croyances et mes chiffres me dit : « Monsieur, ce que vous dites est contradictoire : vous plaidiez pour les OGM parce que vous prétendez qu'ils diminuent l'usage des pesticides. Vous étiez donc, me semble-t-il, contre les pesticides, et pourtant vous plaidez aussi pour le DDT. » En quelque sorte donc, je représente pour lui le mal absolu, étant à la fois pour les produits chimiques et les manipulations génétiques, un délinquant écologiste en quelque sorte, utilisant l'argument de l'abandon de certains pesticides pour défendre les OGM, mais reconnaissant que dans certains cas les pesticides sont un mal nécessaire. Des décennies d'enseignement et de proximité de certains élus m'ont conduit à remarquer que beaucoup ne réagissent pas à la structure logique d'un propos mais à l'évocation de certains concepts, noms ou références historiques. Il y a très longtemps mon ami Maurice de Montmollin, à l'époque professeur de psychologie industrielle à l'École polytechnique, me racontait que, en 1948, faisant signer des pétitions contre le réarmement de l'Allemagne, il était souvent, à son grand étonnement, reconduit à la porte. Les personnes qu'il démarchait ne voulaient plus, au sens premier de l'expression, en entendre parler – « Vous comprenez, Monsieur, c'est insupportable ! J'ai perdu mon fils à la guerre. »

Le fait qu'il fût contre ce réarmement n'était pas entendu. Aujourd'hui, on est pour les produits « bios » et avec les mouches, pour le fumier ou le crottin de cheval, mais contre les substances « chimiques » dont aucun d'entre nous ne saurait cependant se passer.

Retour à Tchernobyl

Ces considérations permettent de situer le débat portant sur l'estimation des ravages de Tchernobyl. L'enquête la plus approfondie sur ses conséquences sanitaires a été conduite sous l'égide des Nations unies[37] et été publiée en 2005[38]. Elle permet de classer et, ce faisant, de

---

37. Depuis 2002, huit agences de l'ONU ont été chargées d'évaluer les conséquences de l'accident de Tchernobyl. C'est ce que l'on appelle le Forum Tchernobyl. Les rapports sont consultables sur Internet et notamment ceux publiés en 2006 par l'Organisation mondiale de la santé (OMS) ou ceux publiés par l'Agence internationale de l'énergie atomique (AIEA). Le lecteur intéressé pourra s'y reporter. World Health Organization « Health Effects of the Chernobyl accident and Special Health Care Programmes », *Report of the UN Chernobyl Forum Expert Group « Health »,* Editors Burton Bennet, Michael Repacholi, Zhanat Carr, Geneva 2006.

38. Il existe également un excellent résumé, on ne peut plus objectif, de François Sorin, « Nouveau regard sur Tchernobyl – L'impact sur la santé et l'environnement », *Revue générale nucléaire,* mars-avril 2006, n° 2.

comprendre, à la fois les incontestables dommages et la nature du débat qui se limite au nombre de morts estimés, ceux que nous avons appelés les morts « statistiques ». Malheureusement, il y eut des morts bien réels même si, heureusement, ils sont beaucoup moins nombreux que ceux que la mémoire collective retient. J'ai souvent posé la question : « Tchernobyl, combien de morts ? » à des publics bien différents. La réponse est toujours supérieure à celles des études les plus pessimistes. La désinformation du lobby antinucléaire – dont on peut se demander par qui il est financé – est aussi fausse, dangereuse donc, qu'efficace.

Un millier de personnes étaient présentes sur le site au moment de l'explosion. Deux cent trente-sept intervenants ont été blessés ou irradiés pendant les premières heures. **Cette catastrophe a provoqué 28 victimes dans les deux mois, 19 autres sont décédées entre 1987 et 2004.**

Pour la population proche, le nombre de victimes différées <u>connues</u> est plus incertain mais l'ordre de grandeur est faible.

Entre l'Ukraine, la Biélorussie et la Russie de 4 000 à 8 000 cancers de la thyroïde ont été induits par la catastrophe. Cette maladie se traite et l'on ne déplore au début de 2006 que **9 décès** chez les 4 000 personnes effectivement répertoriées. Pour les populations des zones contaminées, à part le cancer de la thyroïde, il n'est pas apparu d'augmentation des leucémies ni d'autres cancers radio-induits. Cela ne veut pas dire qu'il n'y en ait pas eus mais que leur nombre est bas.

Les cancers de la thyroïde, eux, ont été mesurés. « À l'exception des cancers de la thyroïde dans les régions les plus contaminées, l'évolution de l'incidence et de la mortalité par cancer en Europe, prises conjointement, ne montre pas de croissance des taux de cancer qui peuvent être clairement attribués aux radiations provenant de l'accident de Tchernobyl[39]. »

Le nombre de victimes différées – victimes estimées[40] – par un modèle linéaire sans seuil serait de 4 000[41] depuis l'accident, soit 0,01 % (1/10000) des cancers de la population européenne touchée par le panache. Une deuxième projection, cette fois jusqu'en 2065, donne le chiffre de 16 000 morts[42]. Outre la linéarité très hypothétique dont nous avons beaucoup parlé, l'estimation de 4 000 décès prend comme référence discutable la population de Nagasaki irradiée dans des circonstances différentes. Elle surestime vraisemblablement le nombre de personnes dont la vie aura été abrégée pour avoir été victimes de ce drame. Néanmoins, cette comptabilité macabre pour les 4 000 décès estimés se décompose comme suit : 2 200 décès chez les liquidateurs[43], 1 500 pour les habitants des zones les plus contaminées, 150 chez les 135 000 personnes évacuées de la zone des 30 km.

Par ailleurs, aucun accroissement des malformations congénitales n'a été constaté, il est donc scandaleux d'associer, comme cela a été fait à de nombreuses reprises à la télévision française, des images d'enfants trisomiques à cette catastrophe. En revanche, les troubles socio-psychologiques sont considérables en Ukraine. Vingt ans après, du point de vue de la santé publique, le fait d'avoir été et de continuer d'être « victime » en

---

39. Agence internationale de la recherche sur le cancer, Organisation mondiale de la santé – Document d'information 2006.
40. Ces personnes ne sont pas connues.
41. L'Ukraine avance un chiffre de 16 000 morts sans donner sa méthode de calcul. Même dans ce cas, nous sommes loin de certaines déclarations fantaisistes de journalistes français qui parlent de 600 000 morts.
42. D'ici là, malheureusement, plusieurs centaines de millions de personnes mourront de cancers en Europe et il ne sera pas possible de vérifier le bien-fondé de ce calcul.
43. L'ensemble des décès des liquidateurs depuis la catastrophe ne peut pas être attribué à la catastrophe : certains d'entre eux, comme pour toute population, seraient morts depuis même si ce drame n'avait pas eu lieu.

vivant à proximité d'une zone aussi stigmatisée, cause à l'évidence plus de dommages tangibles que les résidus d'éléments radioactifs. Les conséquences psychologiques sont, elles, réelles. Signalons par ailleurs que cette catastrophe a conduit à des dizaines de milliers d'avortements en Ukraine, en Biélorussie, en Russie, mais aussi en Allemagne : les femmes craignaient à tort que leur enfant fût mal formé.

Enfin, on a constaté dans les pays qui furent les premiers atteints par le nuage un accroissement de la fréquence des pathologies non cancéreuses et notamment des pathologies cardiaques. Est-ce seulement un effet de mesure provoqué par l'étude attentive de la morbidité de ces populations ou une conséquence de l'irradiation subie par la population durant les premiers mois ? Cette seconde hypothèse ne peut pas être éliminée. En effet, des études sur des rats démontraient que des doses d'irradiation au césium 137 pendant plusieurs mois modifieraient le taux sanguin de vitamine D qui intervient dans la croissance osseuse et le métabolisme du calcium[44]. Toutefois les maladies cardiaques ont bien d'autres causes amplement documentées (tabac, alcool...) et des évolutions analogues de la morbidité se constatent dans tous les territoires de Russie, qu'ils aient ou non été touchés par le nuage.

En ce qui concerne la France, ce qu'il est convenu d'appeler le « nuage », de fait le panache de Tchernobyl, a bien été détecté et annoncé. Pierre Pellerin, le responsable du Service central de protection contre les rayonnements ionisants (SCPRI), informe dès le 1er mai 1986 du « passage du nuage sur l'ensemble du territoire ». Plus maladroitement, le 6 mai, le ministère de l'Agriculture (et non le SCPRI) communique deux messages contradictoires dans le même document. Le premier affirmait que

---

44. E. Tissandie *et al.*, *Toxicology*, 225, 75, 2006.

« le territoire français, en raison de son éloignement, a été totalement épargné par les retombées de radionucléotides consécutives à l'accident », ce qui est faux. L'autre précisait que, à l'évidence, le territoire n'avait pas été épargné mais qu'« à aucun moment les hausses de radioactivité observées n'ont posé le moindre problème d'hygiène publique ». Oui, le panache a bien traversé l'est de la France, le Sud et notamment la Corse[45]. Oui, il a été dit que ce nuage pouvait être dangereux et que des concentrations de radioactivité pouvaient se produire et que la surveillance du territoire devait être maintenue longtemps après[46]. De telles concentrations n'ont cependant pas été décelées et donc rien ne prouve que les populations les plus exposées à ce panache aient reçu des doses qui auraient pu avoir un effet pathogène. Vingt ans après, aucune augmentation des cancers n'a pu être détectée quant à la croissance des cancers de la thyroïde en France en général, et dans ces régions en particulier, elle commence avant cette catastrophe (autour de 1975) et ne s'est pas accélérée après 1986. Elle est due à une amélioration du dépistage : plus on en cherche, plus on en trouve, que l'on habite le nord, l'est, l'ouest, le sud de la France, le fin fond de l'Australie ou le cœur de l'Amazonie[47]. Carine Maehnaut, de l'École de médecine de l'université libre de Bruxelles, remarque par ailleurs le 5 avril 2005 dans le *British Journal of Cancer* « l'absence

---

45. La Corse fut une des régions les plus touchées et celle pour laquelle il a le plus manqué de données objectives.

46. Les doses de radioactivité sont redevenues normales quelques jours après et même à leur plus haut niveau le SCPRI précisait qu' « il faudrait des doses 10 ou 100 000 fois plus importantes pour que commencent à se poser des problèmes significatifs d'hygiène ».

47. Rappelons que, en France, ce sont des adultes qui s'estiment victimes de ce nuage et que, en Ukraine, ce sont des enfants qui ont été touchés. Comme l'indique courageusement l'appel des médecins (Ansquer *et al.*) paru dans *Libération* le 19 novembre 2005 : « Ces malades français sont les otages d'un lobby antinucléaire et juridico-médical. »

d'une signature spécifique de la radiation dans les cancers de la thyroïde post-Tchernobyl ». Ceci est compréhensible car le panache de Tchernobyl était, fort heureusement, de faible intensité quand il a atteint la France. Là encore, la connaissance de l'ordre de grandeur est essentielle à la compréhension du phénomène. « Au cours de deux heures de vol long-courrier, la dose reçue est de 0,01 mSv. C'est ainsi qu'un Paris-New York correspond à la dose moyenne reçue en France suite à l'accident de Tchernobyl[48]. »

S'il fallait une autre preuve de l'absence d'une démonstration de l'effet de ce panache en France, les cartes respectives du nuage de Tchernobyl[49], et celle des cancers de la thyroïde hospitalisés en France[50] ne correspondent pas. La prévalence des cancers de la thyroïde est forte en région parisienne et à Toulouse ; le nuage est surtout passé à l'est.

Enfin, même un garde-chasse hypothétique qui aurait mangé en un an 40 kilos de viande de sanglier provenant d'animaux nourris dans les forêts les plus touchées par le panache, n'aurait reçu qu'une dose de 1 millisievert. Cette dose est inférieure à l'irradiation moyenne annuelle des Français, rien d'inquiétant donc.

Tous ces arguments ne convaincront pas ceux qui pensent avoir été atteints ou même simplement menacés par ce nuage. D'ailleurs, je pense que le lobby antinucléaire devrait, en toute équité rayonnante, attaquer aussi les directeurs de station de sports d'hiver[51] : leurs clients sont en effet plus irradiés qu'au bord de la mer.

---

48. Jacques Foos, *L'Homme et la radioactivité*, FORMASCIENCE, Orsay, 2006.
49. Annexe 14.
50. Annexe 15.
51. Je passe sans aucune inquiétude des vacances à la montagne.

Quant aux conséquences écologiques de la catastrophe, si elles sont très sérieuses, elles s'estompent. « Les études rapportées dans le cadre du Forum Tchernobyl relèvent **qu'à l'exception de la zone fortement contaminée de 30 km de rayon autour du réacteur – toujours interdite d'accès – de certains lacs fermés et de forêts d'accès limités, la contamination est revenue aujourd'hui à des niveaux acceptables.** Que ce soit en Russie, en Ukraine, en Biélorussie, on ne constate pas de contamination de grande ampleur et les niveaux d'exposition vont continuer à baisser lentement[52]. »

Le risque nucléaire est avant tout un risque politique et ceci pour plusieurs raisons :

- Il peut y avoir un lien entre le nucléaire civil et la prolifération des armes atomiques même si, aujourd'hui, il n'y a plus besoin de centrale nucléaire pour fabriquer une bombe,
- les installations civiles peuvent être sensibles au terrorisme,
- la gestion des déchets radioactifs, et donc des centrales nucléaires, suppose une stabilité sociale qui seule garantit leur non-dissémination.

Chacun mesure à la lecture de la presse que les centrales construites par l'Empire soviétique faisaient courir à l'époque, et font encore courir aujourd'hui, un risque écologique et un risque sanitaire aux habitants de l'ex-Union soviétique. Un grand nombre des centrales actuellement en marche demeurent très dangereuses. Toutefois, nous soulignons, sans nier le risque nucléaire, que le risque sanitaire du charbon est bien plus impor-

---

52. Francis Sorin, art. cit., note 165.

tant que celui de l'atome : il y a non seulement dans le monde 15 000 morts de mineurs chaque année, mais encore, nous l'avons vu, la pollution atmosphérique due pour l'essentiel à l'utilisation du charbon comme source première d'énergie induit 400 000 morts par an dans la seule Chine. Si l'on étend ce calcul au demi-siècle auquel on se réfère pour mesurer les conséquences sanitaires de Tchernobyl, le charbon induirait 16 millions de décès soit 1 000 fois plus que Tchernobyl, en prenant comme référence l'estimation la plus pessimiste, l'estimation de l'Ukraine (16 000) et celle de l'ONU pour 2065 (4 000 en 2006 et 16 000 en 2065 selon le modèle discutable retenu).

Une cécité dangereuse pour la planète : le nucléaire n'est pas le seul « mal absolu »

Pour ce qui est du risque écologique, avant que l'on ne se soucie du réchauffement de la planète, on pensait que la différence entre la pollution du charbon et celle de l'atome était essentielle car l'une, celle du charbon, n'avait pas de répercussion sur les générations futures. Il était également admis que la question de la gestion des déchets nucléaires n'était pas résolue et que celle de l'énergie produite grâce au charbon l'était. Certes, il n'existe toujours pas de solution définitive, stable et acceptée pour la gestion des déchets radioactifs, mais pour ce qui est du charbon la poubelle est l'atmosphère : la combustion du charbon produit du gaz carbonique invisible, inodore et non toxique mais rejeté dans l'air, il accroît l'effet de serre. Cette pollution, parce qu'invisible, n'était pas considérée. Pourtant, dans le cas du nucléaire, il s'agit de quelques centaines de tonnes de déchets et dans celui du CO_2 de quelques milliards. Soulignons en outre que la pollution par le charbon est systématique : à chaque fois que brûle du charbon, du gaz carbonique[53] s'échappe, alors que la pollution atomique du nucléaire civil n'est heureusement qu'accidentelle et ces accidents sont rares.

La première cause de rejet dans l'atmosphère (24,5 %) de gaz à effet de serre provient des centrales thermiques et notamment des centrales au charbon[54]. Le charbon est sale dans tous les sens du terme, mais le charbon est aussi bon marché et, pour cette raison, utilisé prioritairement par les deux grands pollueurs de la planète : les États-Unis tout d'abord, puis la Chine[55]. Déjà au deuxième rang des producteurs d'énergie électrique, ce pays accroît chaque année sa capacité d'une puissance équivalente à toutes les centrales du Royaume-Uni (60 gigawatts) et a dépassé les États-Unis en 2006 pour son rejet de gaz à effet de serre ; ces pays sont suivis par l'Inde, déjà au troisième rang mondial.

La deuxième source d'émission de gaz à effet de serre (18 %) est la déforestation et la troisième, seulement la troisième (13,5 %), le transport sous toutes ses formes (avions, bateaux, trains, automobiles...). Il est donc faux de penser que la priorité absolue pour lutter contre l'effet de serre est la pollution automobile, même s'il convient de faire flèche de tout bois.

Il y a urgence à être au moins aussi préoccupé du charbon que du nucléaire. La demande d'électricité s'accroît du fait du réchauffement de la planète car plus il fait chaud, plus les personnes aisées recherchent la climatisation ! Mais ce n'est pas le seul *feed-back* négatif de la production de gaz à effet de serre. Quand la planète se réchauffe,

---

53. Il reste dissous dans l'air environ deux siècles.
54. *The Economist*, « The heat is on – A survey of climate change », September 9th, 2006.
55. Et la France qui envisage de rouvrir des mines !

– les glaces fondent, la réverbération solaire diminue donc, et la planète absorbe plus d'énergie,

– les océans absorbent moins de gaz carbonique,

– la vie microbienne des sols se développe ce qui accroît l'émission de CO_2.

L'inquiétude des climatologues provient de ce que les mécanismes de régulation du climat ne convergent pas mais divergent au point, un jour, vraisemblablement, de ne plus être maîtrisés.

Pour montrer l'importance quantitative du chemin à parcourir dans ce domaine, un chiffre donnera une idée au lecteur : tous les efforts fournis depuis la signature du protocole de Kyoto par certains Européens, l'Allemagne et le Royaume-Uni notamment[56], n'ont permis d'économiser que la moitié des effets produits par la consommation annuelle de l'État du Texas[57]. Tous ces États ont pour cela investi 2,7 milliards de dollars. Les États-Unis, qui consomment par habitant deux fois plus d'énergie que les Européens[58], et la Chine, qui a le plus fort taux de croissance, n'ont pas signé cet accord.

Là encore, il est nécessaire de prendre conscience de quelques ordres de grandeur. Les climatologues et spécialistes de l'énergie nous les fournissent. « Pour stabiliser à terme, et à quelque niveau que ce soit, la concentration de CO_2 dans l'atmosphère, donc la perturbation que nous infligeons au climat, il faudra tôt ou tard réussir à diviser les émissions mondiales actuelles par 2 ou 3[59]. » Ils indiquent par ailleurs que, si les 10 milliards d'humains annoncés avaient la même consommation

56. Entre 1990 et 2004 les émissions, calculées en équivalent CO_2, ont baissé de 17,2 % en Allemagne, de 14,3 % au Royaume-Uni, de 0,8 % en France. En revanche, elles ont augmenté de 15,8 % aux États-Unis, de 25,1 % en Australie, de 26,6 % au Canada et de 49 % en Espagne.
57. 374 millions de tonnes de CO_2.
58. 8 tonnes équivalent pétrole contre 4.
59. Hervé Le Treut, Jean-Marc Jancovici, *L'Effet de serre – Allons-nous changer le climat ?*, Flammarion, Paris, 2004.

d'énergie fossile que les Américains d'aujourd'hui, le rejet de CO_2 ne serait pas divisé par trois mais multiplié par dix ! Les Indiens rejettent 12 fois moins de CO_2 que les Américains : pour combien de temps encore ? Au nom de quoi leur interdire la voiture, les écrans plats, la climatisation ? Certes la technologie (d'autres ampoules électriques, un meilleur isolant, un meilleur rendement énergétique des systèmes de transports...) pourrait diviser par 2 la consommation actuelle, sans modification majeure du mode de vie, c'est à terme la seule solution, à moins qu'une guerre mondiale ne règle entre-temps une partie du problème.

En attendant, pas grand-chose ne peut être attendu des éoliennes : pour qu'elles produisent de l'électricité, toujours de manière diffuse et intermittente (il faut du vent) de 1 % à 2 % de l'énergie française, il conviendrait d'en implanter de 10 000 à 20 000[60]. Pour que 5 % de l'alimentation des voitures françaises tournent au biocarburant, il faudrait affecter 10 % de la surface de la France à la seule production de biomasse. Certes l'énergie est comme l'argent ou la poussière : à force d'aller la chercher dans les coins, elle finit par faire un tas, mais on voit que l'on n'est pas dans les ordres de grandeur recherchés. Cependant, toujours selon Le Treut et Jancovici[61], si au lieu de fabriquer de l'électricité à partir du charbon ou du fuel, à l'instar de la France, on utilisait l'énergie nucléaire, on diminuerait « de 25 à 30 % les émissions anthropiques de CO_2 d'origine fossile. Si l'objectif recherché est une réduction, dans les plus brefs délais, des émissions annuelles de CO_2 sous la barre des 3 milliards de tonnes d'équivalent carbone, ce moyen nous fournit une réelle marge de manœuvre ». Enfin, rappelons avec eux que la première source d'émission du gaz à

---

60. À combien peut-on évaluer la pollution esthétique et sonore ?
61. *L'Effet de serre, op. cit.*

effet de serre en France est... l'agriculture. Pour que les végétaux poussent, il faut des engrais, des tracteurs, des bâtiments ; pour que les animaux grandissent, il convient de les nourrir de végétaux ; en outre, la fermentation de l'estomac des ruminants dégage du méthane, gaz à effet de serre. Si bien qu'une carcasse de bovin « engendre l'émission de 4 tonnes d'équivalent carbone ».

Certes on n'empêchera jamais une vache de roter ou de péter[62], mais l'on peut, grâce aux manipulations génétiques, à la fabrication d'OGM donc, réduire l'épandage de pesticides et sélectionner des variétés moins consommatrices d'eau et d'énergie.

L'économiste britannique Nicholas Stern, ancien économiste en chef de la Banque mondiale, estime, dans son rapport publié à l'automne 2006 et commandité par Gordon Brown, chancelier de l'Échiquier, que « si nous ne prenons pas de mesures pour mettre les émissions sous contrôle, chaque tonne de CO_2 que nous émettrons aujourd'hui provoquera un dommage à l'économie d'au moins 85 dollars ». Il ne faut pas bien entendu donner à ce chiffre une précision qu'il n'a pas mais retenir que les dégâts attendus seraient « comparables aux effets dévastateurs des deux guerres mondiales et de la dépression des années 1930 ».

En conclusion, il n'existe aucune source d'énergie sans inconvénients écologiques et sanitaires, surtout quand l'énergie est bon marché, ce qui est le cas du pétrole en début de l'année 2007, du charbon et de l'électricité nucléaire. Jusqu'à présent[63], l'industrie du charbon a été pour l'espèce humaine des milliers de fois plus mortelle, plus dangereuse et aussi plus polluante que le nucléaire.

---

62. Les vaches, comme tous les ruminants, produisent du méthane, sous-produit de la fermentation stomacale.
63. Il faut remonter à la fin du XVIIIᵉ siècle.

À l'évidence, l'écologie politique n'enracine pas ses prises de position dans des faits vérifiables par tout lecteur qui a accès à Internet et souhaite se plonger dans les statistiques comparatives de mortalité ou celles qui expliquent les modalités de production de gaz à effet de serre. La solution n'est pas dans les seules éoliennes ou la biomasse ou même le nucléaire. Bien entendu, ces sources d'énergie peuvent, plus ou moins modestement, contribuer à une moindre croissance de l'effet de serre, à condition toutefois qu'elles ne remplacent pas l'électricité d'origine nucléaire qui elle ne produit pas de CO_2, ce qui constituerait, du point de vue de l'effet de serre, une substitution pour rien. Rajoutons enfin que pour valoriser la biomasse et obtenir du carburant pour les véhicules terrestres, il faut de l'énergie. Seule donc l'énergie électrique renouvelable (nucléaire, hydroélectrique et éolienne) peut permettre d'obtenir cette valorisation sans déverser du gaz carbonique dans l'atmosphère.

On estime qu'un effort considérable dans l'utilisation de ces sources alternatives, associé à tout ce qui pourrait permettre une meilleure utilisation de l'énergie, ne fera parcourir qu'une partie du chemin pour stabiliser l'effet de serre. Le reste n'est pas à trouver dans la technologie mais dans l'économie : seule l'augmentation très substantielle et mondiale du prix de l'énergie polluante (et notamment pétrole, charbon et gaz) pourra permettre d'en réduire la consommation. Pourquoi cet obscurantisme écologique aux fortes connotations commerciales ? Pourquoi nous faire croire que le gaz[64] est une énergie « propre » ou que la biomasse pourrait se substituer un jour au pétrole[65] ? Qui bénéficie de notre crédulité ? Pas les générations futures, ni l'écologie de la planète. Qui donc ?

---

64. En brûlant, il produit de l'eau (H_2O) et du gaz carbonique (CO_2).
65. La surface de la France est de 55 millions d'hectares, au mieux un hectare produit une tonne d'équivalent pétrole, or la France en consomme, en 2006, 90 millions.

6

Les limites pratiques du principe de précaution sont l'autre face de sa bêtise philosophique

« Ceux qui peuvent mourir vivent libres. »
Karen BLIXEN.

Depuis notre plus tendre enfance, nous apprenons à « prendre nos précautions », à anticiper pour notre bien, nous dit-on, et celui des autres. Transmettre la faculté de prévoir est un des piliers de l'éducation et nous découvrons avec regret que c'est la fourmi, et non pas la cigale, que nos parents valorisent. Ils s'efforcent de nous apprendre à retarder les satisfactions immédiates, à travailler, écouter, mémoriser, comprendre, en un mot investir aujourd'hui pour être pleinement hommes demain.

Il en est des sociétés comme des familles : survivent celles qui protègent enfants et patrimoine et qui, pour ce faire, sont prévoyantes. Toutefois, ce qualificatif n'a jamais été synonyme de timoré ou de précautionneux. L'histoire des peuples, comme celle des affaires, enseigne le contraire : survivent ceux qui prennent des risques, ceux qui investissent et ne se contentent pas, à l'instar du Portugal ou de l'Espagne de la Renaissance, de vivre du commerce de l'or des Amériques. Les locomotives électriques n'ont pas été inventées par les fabricants de machine à vapeur et Kodak, leader en son temps du film argentique, peine aujourd'hui pour survivre, faute d'avoir anticipé et investi à temps dans la révolution numérique.

La prudence s'exprime souvent dans le risque. Avant la Première Guerre mondiale, beaucoup de familles bourgeoises ou aristocratiques vivaient encore bien de la rente provenant des fermages de quelques dizaines d'hectares de terre et très bien quand ce chiffre dépassait la centaine. Un siècle plus tard, la rente a non seulement disparu, mais le prix de terre a baissé au point de ne rapporter que... des soucis. Le patrimoine conservé et transmis s'est évaporé, sauf quand les terrains sont constructibles. Dans le même ordre d'idée, Edmond de Rothschild racontait que son grand-père, quand il construisait la fondation Rothschild, hôpital parisien aujourd'hui spécialisé en ophtalmologie et en neurochirurgie, l'avait suffisamment doté pour accueillir gratuitement les malades, « mais, disait-il, il se méfiait de moi comme de mon père si bien que, pendant deux décennies, nous n'avons pas pu toucher aux fonds placés juste avant la guerre, dont il ne restait pratiquement plus rien après guerre ». Les « bons » placements prudents et précautionneux d'avant 1939 avaient perdu toute leur valeur : le monde avait changé. Il en est de même aujourd'hui : les fonds des placements dits « à risque », sur une période de quinze ans, ont de bien meilleurs taux de rentabilité que ceux « en père de famille ». Plus important, car plus actuel, si les nouvelles technologies se développent en Californie, c'est parce que le système financier et fiscal favorise la prise de risque. Certes, les taux d'échecs sont considérables dans ces domaines mais, d'une part, une prise de participation dans ces entreprises est fiscalement déductible et, d'autre part, en cas de succès (moins de un cas sur mille), les bénéfices ne sont pas confisqués par l'impôt. Le succès va au risque, pas au conservatisme, or, en France, quand on imagine investir dans une entreprise, c'est le risque que l'on évoque mais dans les pays anglo-saxons c'est l'aventure[1]. Le principe de précaution fait des ravages dans les têtes avant d'en faire dans la société.

Être prudent, analyser les risques pour tenter de les éviter, constituent de sages conseils ; mais d'avoir fait de la précaution un principe est un drame : il ne s'agit plus de tenter d'analyser des évolutions vraisemblables, compte tenu des informations disponibles, mais d'imaginer l'irréel, l'impensable, sous prétexte que les dommages causés pourraient être importants. Deux mille ans plus tard, les Gaulois reviennent, leur peur inchangée. Pour éviter que le ciel ne leur tombe sur la tête, il va être procédé à de nombreux sacrifices : précaution oblige ! Quand il s'agit de drame possible[2], l'imagination humaine est en effet infinie, or, étant incapable de se protéger de tout, on se protègera mal de pas grand-chose ; cela coûtera cher, très cher et ne servira le plus souvent à rien puisque l'on aura ignoré l'essentiel.

Un raisonnement et quelques exemples suffiront à comprendre que ce qui est malheureusement devenu une règle de droit ne pourra pas être une règle de conduite. Il faut agir car la Charte de l'environnement qui y fait référence est intégrée à notre Constitution. Ce droit enjoint, en cas de risque éventuel, la puissance publique à faire des recherches et à prendre des mesures appropriées en vertu même du *principe de précaution* que cette charte tente de définir. Il ne précise bien entendu pas les mesures à prendre.

---

1. « Venture-capital » contre « capital-risque ».
2. Tout est possible : la France pourrait, mais c'est peu vraisemblable, déclarer la guerre à la Belgique.

Une précaution constitutionnelle

Ainsi, l'article 5 de la Charte de l'environnement, inscrite depuis février 2005 dans la Constitution française, dispose :

« Lorsque la réalisation d'un dommage, bien qu'incertaine en l'état des connaissances scientifiques, pourrait affecter de manière grave et irréversible l'environnement, les autorités publiques veilleront par application du principe de précaution, et dans leurs domaines d'attribution, à la mise en œuvre des procédures d'évaluation des risques et à l'adoption des mesures provisoires et proportionnées afin de parer à la réalisation du dommage. »

Il faut donc à la fois lancer des études puis agir, même en l'absence de certitude scientifique. Rien apparemment ne paraît plus raisonnable, même si l'on a du mal à comprendre en quoi les mesures peuvent être « proportionnées », quand justement, par essence, la raison même de ce principe est de manquer de proportion, la situation étant « incertaine » ! Mais passons, ceci n'est qu'un moindre mal tant la raison n'est que d'apparence.

Remarquons tout d'abord que les hommes n'ont pas attendu cette charte pour décider dans l'incertitude. La quarantaine imposée aux navires marchands a précédé de plusieurs siècles les découvertes de Pasteur portant sur les modes de transmission des maladies infectieuses. De même aujourd'hui, la question de l'effet de serre semble suffisamment préoccupante pour tenter d'agir, même si le réchauffement de la planète est peut-être dû à d'autres causes que celles liées aux activités humaines. L'action publique a souvent précédé la connaissance, fréquemment à tort, parfois à raison. Ce n'est donc pas cela que nous mettons ici en cause.

Le problème majeur que soulève cet article 5 de la Charte de l'environnement provient tout d'abord de que ce « principe » semble aller de soi, être une chose en soi évidente. Il n'en est rien. Au mieux, il aurait pu constituer un rappel à la prudence mais en pratique il obligera à prendre des mesures. C'est la nouvelle variante à cette très vieille histoire de l'homme qui, la nuit, cherchait ses clés sous un réverbère, non pas parce qu'il les avait égarées là, mais parce qu'il y avait de la lumière.

La précaution à n'importe quel prix ?

On agit parce qu'il le faut, parce que l'on prétend savoir, on agit parce que l'on croit ou, plutôt, parce que l'on croit que l'opinion croit qu'il faut. Nous avons déjà donné l'exemple de la décision d'enlever l'amiante de la faculté de Jussieu à Paris, nous n'y reviendrons pas : les personnes qui travaillaient dans cette institution, avant les travaux, respiraient en effet en moyenne moins de silice que les estivants sur une plage l'été. Pour éviter que les fibres projetées au moment de la construction deviennent un jour pulvérulentes, il suffisait de les enrober et, dans certains cas, de construire des faux plafonds or, aujourd'hui, même quand ces fibres sont enrobées dans un enduit, ce qui est le cas de certains wagons de chemin de fer, on se fait une obligation de les enlever, ce qui est coûteux et totalement inutile d'un point de vue sanitaire ; l'utilité, s'il y en a une, est symbolique. L'État essaie de se laver du fait de n'avoir pas agi à temps, quand des personnes ont eu leur vie abrégée pour avoir dû manipuler à longueur de journée cette substance physiquement toxique à certaines doses.

Un autre exemple de précaution abusive concerne la recherche systématique dans tout don de sang d'un virus

extrêmement rare, le virus HTLV1 à l'origine de certaines leucémies, par ailleurs curables. Du fait du nombre
considérable de tests qu'il faut réaliser pour découvrir un
porteur du virus, il en coûte 50 millions d'euros par cas
détecté. Est-il raisonnable de dépenser une telle somme
pour porter un diagnostic ? Se plaçant du point de
Sirius, et en imaginant qu'il s'agit toujours de l'argent des
autres, on pourrait être tenté de répondre par l'affirma-
tive ; rappelons simplement que c'est bien de notre
argent qu'il s'agit, donc de notre travail, et qu'avec une
telle somme on pourrait, par exemple, acheter 50 appareils de scanographie. Remarquons surtout que si chaque
malade coûtait 50 millions d'euros, avec le budget actuel
de la santé, on pourrait en traiter moins de 4 000 par an
et 36 000 avec toute la production intérieure brute de la
France.

La précaution ici peut conduire au drame là. Ainsi
un directeur d'établissement pour personnes âgées faisait remarquer en parlant de ses patients : « Il faut tellement prévenir le risque de chute qu'on finit par les
empêcher de bouger... N'allons-nous pas, à force de vouloir diminuer ces risques, les faire mourir de désœuvre-
ment ? »

La notion raisonnable qui conduisait à limiter l'application du principe aux perturbations « graves ou irréver-
sibles » comme le prévoyait encore la Convention-cadre
des Nations unies sur les changements climatiques
(1992) est balayée dans la nouvelle charte. La symbolique l'emporte. La référence que donnait encore la loi
Barnier du 2 février 1995 à un coût « économiquement
acceptable » a également disparu de la Charte de l'environnement.

Ces décisions sont une version moderne, et dans notre
cas, très onéreuse, du sacrifice de poulets, de chèvres ou
de bœufs auquel se contraignaient les habitants de la
Rome antique pour se concilier les augures. Dans leur

version contemporaine, il importe peu que la décision soit efficace du moment que le peuple, par médias interposés, estime que les précautions qui s'imposent ont été prises quelque part. Peu importe que les mesures prises *a posteriori* aient un effet dans un autre temps, dans un autre lieu que ceux des drames passés, il s'agit d'excuses symboliques, de repentir, pas de santé publique. Car la précaution dans l'absolu est tout simplement impossible comme le faisait justement remarquer Lucien Abenhaïm[3] : « Chaque année, 35 000 études environ sont publiées dans les revues scientifiques sur les risques... Face aux menaces, à l'inconnu, la compréhension scientifique et la cohésion sociale sont nos seules armes... L'obscurantisme est le pire de nos maux. »

Quelle précaution ?

Mais revenons aux questions de santé et à la protection des populations. Pour prévenir un accident, il existe trois conditions nécessaires, aussi simples que logiques. Rappelons-les :

– Savoir en déceler la ou les causes potentielles,
– pouvoir intervenir,
– le vouloir.

Quand cela est impossible et que la catastrophe ne peut être prévenue, on tente d'en limiter les conséquences. Les ouragans illustrent ce cas de figure : le fait de les annoncer n'implique pas que l'on soit capable de les arrêter, en revanche cela permet d'en limiter les conséquences éventuelles ; par exemple en barricadant à

---

3. Pr Lucien Abenhaïm, *Canicules – La santé publique en question*, Fayard, Paris, 2003.

temps les maisons, en éloignant la population des zones inondables, en empêchant les personnes de sortir de chez elles.

Savoir, pouvoir, vouloir, il existe donc trois ordres dans l'action de prévenir. Toutes les combinaisons sont imaginables car non seulement on peut connaître une cause sans pouvoir agir sur elle, mais on peut aussi, cas fréquent, connaître une cause, savoir agir sur elle, ne pas le faire, tout en demeurant incapable d'en limiter les conséquences, et cela pour de bonnes raisons. La plus usuelle est que la cause d'un accident peut aussi être source de bienfait, il en est ainsi de la vaccination qui immunise le plus grand nombre, mais provoque chez quelques-uns des accidents. À supposer qu'ils soient dangereux, ce qui n'a pas été démontré, les OGM peuvent être à l'origine de considérables bénéfices environnementaux (limitation des pesticides épandus, meilleure utilisation de l'eau, plus grands rendements...) au prix de risques à ce stade essentiellement hypothétiques alors qu'ils font l'objet d'une diffusion importante et rapide et, qu'à ma connaissance, personne[4] n'oblige les fermiers américains à les utiliser[5]. Ce n'est pas la seule vertu des OGM car, selon les Actes de l'Académie des sciences des États-Unis de la troisième semaine de juin 2007, il a été possible de transférer au riz un vaccin du choléra. Ainsi, des souris auxquelles on avait injecté la toxine du choléra, mais qui s'étaient également nourries de cette plante transgénique, n'ont pas été malades. Cela soulève de grands espoirs quand l'on sait, comme nous l'avons vu, que chaque jour 5 000 enfants meurent dans le monde de cette maladie.

---

4. À moins de laisser penser qu'ils sont contraints de se fournir en semences chez les fabricants d'OGM.
5. En Amérique du Nord comme du Sud, plus du tiers de certaines cultures poussent grâce à des semences génétiquement modifiées.

L'air du temps de ce XXIe siècle précautionneux, pour ne pas dire timoré, tout au moins pour ce qui est de la France et de l'Allemagne, n'examine que les risques, pas les bénéfices. Venise[6], dont il est aisé de constater qu'elle est construite en zone inondable au point d'être souvent inondée, ne sortirait plus aujourd'hui de la lagune : principe de précaution obligerait !

Un orgueil de principe pour un principe d'orgueil

Peut-on agir sans savoir ? La faille la plus profonde de ce « principe de précaution », son péché originel, est un péché d'orgueil. Il laisse croire que l'on pourrait se prémunir de tout car l'on pourrait toujours déceler la cause d'une catastrophe potentielle. Billevesée ! Sornette ! Baliverne ! Qu'un député lance au professeur Brucker, responsable de l'Institut national de Veille Sanitaire (InVS), « il vous faut prévoir l'imprévisible », amuse ceux qui ont une formation historique, philosophique ou tout simplement un sens de l'humour, mais n'exauce pas le vœu pour autant ! On aurait pu croire que l'actualité sanitaire du dernier quart de siècle conduirait plutôt à la modestie. Cherchant des responsables et non pas des explications, nos contemporains n'ont pas compris que les grandes crises de la santé publique étaient d'abord des crises du savoir. Certains esprits ont perçu, il y a plus d'un demi-siècle, que le monde changeait de nature, que l'Histoire n'apprenait rien et que le « bon sens » ne servait que quand la situation était stable, que l'on pouvait tirer quelques leçons du passé.

« L'histoire justifie ce que l'on veut. Elle n'enseigne rigoureusement rien, car elle contient tout, et donne des exemples de tout. [...] Les phénomènes politiques de

---

6. C'est aussi, dans une moindre mesure, le cas de Paris.

notre époque s'accompagnent et se compliquent d'un *changement d'échelle* sans exemple, ou plutôt d'un *changement d'ordre des choses.* Le monde auquel nous commençons d'appartenir, hommes et nations, n'est que *figure semblable* du monde qui nous était familier. [...] Plus nous irons, moins les opérations politiques et même les interventions de la force, en un mot, l'action évidente et directe, seront ce que l'on aura compté qu'ils seraient. [...] Rien n'a été plus ruiné par la dernière guerre que la prétention de prévoir. Mais les connaissances historiques ne manquaient point, il me semble[7] ? »

Le principe de précaution aurait-il permis d'éviter les grandes crises de la santé publique ?

Les exemples de « changement d'ordre des choses » abondent dans le domaine de la santé publique et de l'écologie. Évoquons-en, succinctement, quelques-uns connus de tous, en privilégiant la dimension épistémologique : ce principe aurait-il permis de prévenir quoi que ce soit, s'il avait été voté un quart de siècle plus tôt ?

L'épidémie du sida tout d'abord, celle d'où, après le scandale, toute la législation actuelle puise ses racines. Elle n'est compréhensible, notamment, que si l'on se rappelle que, au début des années 1980, les patients séropositifs étaient considérés comme des patients immunisés et non pas comme des patients potentiellement malades. Cette idée, fausse, perdurera longtemps. En 1986, après la période qui concerne l'affaire du sang contaminé (1985[8]), les plus grands experts mondiaux pensaient tou-

---

7. Paul Valéry, *De l'histoire*, in *Œuvres*, La Pléiade, tome 2, Paris, 1960.
8. Rappelons que dès 1983, la collecte du sang dans les populations à risque était proscrite (une autre application avant la lettre du principe de précaution), mais que cette règle n'a pas été respectée par la très grande majorité des centres de transfusion sanguine.

jours que 10 % des séropositifs seulement atteindraient le stade sida ; ce chiffre, toujours selon ces experts, est passé à 20 % en 1988. On sait aujourd'hui que ce taux dépasse 90 % sans trithérapie. Une analyse de ce qui s'est produit dans les grands pays occidentaux, dans ce domaine, entre 1980 et 1985, démontre qu'ils partagèrent les mêmes errements et furent beaucoup plus semblables que différents. Pourtant, dans certains pays, la transfusion sanguine était confiée à des institutions privées comme la Croix-Rouge, alors que dans d'autres, comme la France, elle était publique[9]. On ne comprenait pas le comportement de ce virus et les mécanismes de réaction du corps humain ; cette incompréhension était mondiale.

Tous les ministres de la Santé qui ont eu à traiter de l'épidémie du sida, à commencer par Mme Simone Veil, ont regretté que dans de telles circonstances quelques grandes personnalités du monde médical n'aient pas eu le courage de reconnaître en public les contresens majeurs qu'ils ont assez longuement perpétués par incompréhension du mécanisme d'infection de ce rétrovirus. Beaucoup de drames ultérieurs eussent été évités[10].

L'affaire de la « vache folle » ne s'explique que par une absence de connaissance de même nature. Elle a certes débuté parce que le gouvernement de Mme Thatcher a autorisé les fabricants d'aliments animaux à ne plus chauffer les carcasses de moutons morts de la « tremblante », vieille maladie des ovins, documentée depuis plusieurs siècles. Il leur était ainsi permis de dissoudre

---

9. Theodore R. Marmor *et al.*, « The comparative politics of contaminated blood, from hesitancy to scandal », in *Blood feuds : Aids, Blood and the Politics of medical care*, édité par Éric A. Feldman et Ronald Bayer, Oxford University Press, New York, 1999.

10. Ces quelques lignes ne prétendent pas traiter de l'ensemble de cette affaire, mais rappellent que les plus grands noms de l'époque ne comprenaient pas, au sens essentiel du terme, cette maladie.

les carcasses d'animaux morts alors que, jusque-là, la viande provenant des équarrisseurs était chauffée, et ceci depuis le début du XX[11] siècle. Le prion pathogène, dont on ignorait l'existence, qui, sans qu'on le sache, était inactivé par la chaleur, ne l'était plus par le solvant. Il est ainsi passé du mouton à la vache et de la vache à l'homme. C'est tout au moins l'interprétation que nous en avons aujourd'hui. Mais le prion n'est ni un virus ni une bactérie. Beaucoup de spécialistes n'ont pas cru alors[12], et certains ne le croient toujours pas, que le prion seul puisse transmettre la maladie. Mais on a démontré que si on mettait directement, en perçant un trou, un morceau de cervelle de vache malade dans un cerveau de singe, celui-ci développait la maladie gravissime de l'encéphalopathie spongiforme ; elle passait donc la barrière des espèces.

Même si on perce rarement le crâne pour manger de la cervelle et si l'on sait que les être vivants ont un tube digestif qui détruit les protéines animales ou végétales des aliments ingérés, l'inquiétude fut immédiate et les prévisions des conséquences sanitaires catastrophiques : on citait le chiffre de plusieurs centaines de milliers de morts. La panique s'est emparée de l'Europe, le monde entier a vu s'accumuler des monceaux de carcasse d'animaux sains, mais qui, pour leur malheur, avaient vécu dans un élevage où l'un d'entre eux était atteint.

Le marché de la viande s'effondre, les précautions ont coûté, en Europe, de l'ordre de 17 milliards d'euros. Il y

---

11. Cette maladie n'est pas apparue parce que l'on aurait brisé un quelconque tabou « naturel » en donnant à manger de la viande à des herbivores, ce tabou était depuis longtemps rompu, mais parce que l'on a assoupli la règlementation d'utilisation des carcasses afin de perdre dans l'opération le moins de protéines possible. On a donc dissous plutôt que chauffé.
12. Même si la découverte de l'effet pathogène des prions a conduit le comité du prix Nobel à reconnaître son inventeur.

a eu une centaine de décès au Royaume-Uni, 8, peut-être, en France. Or, on ne comprend toujours pas pourquoi quelques personnes sont, chaque année, frappées par l'ESB, alors qu'elles ne sont ni grosses mangeuses de viande, ni éleveurs, ni bouchers, ni... On ne comprend toujours pas pourquoi l'épidémie s'est quasiment arrêtée. On n'a pas pu prévoir la diffusion de cette maladie, ni comprendre pourquoi certaines personnes ont été atteintes.

La canicule de l'année 2003 est une autre illustration de notre incapacité à voir et donc à prévoir. Elle n'a pas été limitée à la France et il semble aujourd'hui que l'Espagne et le Luxembourg, avant la France donc, ont eu le taux de morts le plus élevé rapporté à leur population. Là encore, *a posteriori*, on a considéré que l'on savait, certes, dans ce cas aussi, comme toujours. Il y eut un médecin[13], fonctionnaire particulièrement perspicace, qui a averti les services compétents longtemps avant que le drame ne se produise et souligné les conséquences médicales des fortes chaleurs chez les personnes fragiles. Il ne fut pas entendu en dépit des précédents, redécouverts depuis dans la littérature médicale (Marseille, Chicago), et d'un article publié quelques mois avant le drame par un spécialiste français de la faculté de médecine de Dijon[14]. Le directeur général de la Santé, après avoir consulté en novembre 2002 plus d'une centaine d'experts en santé publique, a rédigé un rapport de 300 pages « ... soumis à toutes les sociétés savantes du pays dans les domaines les plus divers de la médecine, à une cinquantaine d'associa-

---

13. Gilles Dixsault, « Vague de chaleur et climatisation », *Revue Bibliographique*, Institut national de Santé Publique du Québec, vol. 16, n° 3, mai-juin 2005.
14. J.-P. Besancenot, « Vagues de chaleur et mortalité dans les grandes agglomérations urbaines », *Environnement, Risques & Santé*, vol. 1, n° 4. septembre-octobre 2002.

tions de malades, ainsi qu'au Haut Comité de la Santé publique... le rapport final a vu le jour... [il] ne mentionnait pas la canicule au nombre des problèmes en santé publique... personne n'y avait fait référence[15] ».

Oui, il fait chaud en été, et alors ! Et alors, quand il fait très chaud, longtemps, et que la température nocturne ne descend pas, notamment sous les toits ou dans des appartements très mal isolés construits entre les deux guerres, leurs occupants, notamment quand ils sont déjà malades et prennent certains médicaments (neuroleptiques, anxiolytiques, antidépresseurs), se sentent mal. Si les voisins ou les quelques membres de la famille sont en vacances, les urgences se remplissent, le personnel en sous-effectif est débordé et des hommes et des femmes âgés, fragiles sinon malades, vivant seuls, viennent terminer leurs jours dans des couloirs surchauffés des hôpitaux publics.

Les Français découvrent l'importance de ce phénomène avec retard et se sentent coupables. Qui n'a pas un ami, un parent, un voisin que l'on a laissé seul ? Comme toujours, ainsi que le rappelle dans ses ouvrages René Girard, cette culpabilité ne peut disparaître que si le groupe, les Français en l'occurrence, se trouve un bouc émissaire. Il ne fallait pas chercher loin, il était tout trouvé : le ministre de l'époque, Jean-François Mattéi[16]. Il a été remplacé quelques semaines plus tard. Le groupe pouvait oublier cette tache lavée par le départ du « responsable ».

Si la surmortalité a été forte à Paris, elle le fut moins dans d'autres régions où pourtant il faisait aussi chaud. Certes il y a beaucoup d'explications *ad hoc* pour inter-

---

15. Pr Lucien Abenhaïm, *op. cit.*
16. Il s'est dignement comporté dans cette affaire, mais a commis la maladresse médiatique d'apparaître à la télévision en polo dans un jardin ombragé.

prêter ces variations, pas toutes infondées (microclimat à l'intérieur de la ville, logements particulièrement mal isolés...), mais il semble que ce soit le côté nouveau, inhabituel des fortes chaleurs, qui en lui-même soit pathogène. « Ainsi, si l'on avait appliqué à la France les seuils d'alerte définis aux États-Unis, on n'aurait jamais déclenché le moindre dispositif d'alerte à l'occasion de la vague de chaleur d'août 2002[17]. »

S'il peut y avoir scandale l'été, pourquoi négliger l'hiver ? En effet, sans évoquer le cas des sans-domicile-fixe qui meurent dans la rue ou sous leur abri précaire les jours de grand froid, l'hiver tue plus que l'été, même le triste été de la canicule. « Il ne passera pas l'hiver » est un dicton au fondement empirique incontestable. Les températures extrêmes abrègent la vie des gens fragiles. On n'a pas encore cherché à rendre les ministres responsables de la mort de tous ceux qui n'ont pas pu passer l'hiver, mais il ne faut pas désespérer.

L'affaire de la légionellose à l'hôpital européen Georges-Pompidou illustre le fait que des précautions peuvent aggraver la situation[18] en modifiant, une fois encore de manière inopinée, cet « ordre des choses ».

Pour ceux qui se souviennent encore des actualités cinématographiques du début des années 1960, celles qui passaient avant les réclames de l'entracte, il est facile d'imaginer ce qu'aurait été la minute retraçant l'ouverture d'un hôpital universitaire de cette qualité et de cette taille, à cette époque.

Voix *off*, masculine, basse ; images de la cérémonie et vues de l'hôpital :

« C'est en présence du président de la République

---

17. Gilles Dixsault, art. cit.
18. Louis Omnès, *Hôpital Pompidou, une rumeur maligne ?*, Tallandier, Paris, 2006.

française et des membres du gouvernement qu'a été inauguré aujourd'hui à Paris l'hôpital européen Georges-Pompidou. Fleuron de la technologie française, cet ouvrage de l'architecte Aymeric Zublena allie modernité, sécurité et confort. Les patients, que l'on viendrait à envier, bénéficient de chambres individuelles, claires et spacieuses. Le corps médical, de réputation mondiale, dispose des plus récents appareils d'imagerie, des laboratoires les plus sophistiqués et du système de dossier informatisé le plus développé d'Europe. Les médecins pourront simultanément, qu'ils soient dans leur laboratoire, au lit du malade ou dans une salle d'opération, à tout moment, consulter un élément du dossier... À cette occasion, le président de la République a chaleureusement félicité le directeur général de l'Assistance Publique-Hôpitaux de Paris pour cette ambitieuse réalisation. Il a remis les insignes de chevalier de la Légion d'honneur à M. Louis Omnès, directeur de l'établissement, qui, depuis plusieurs années, a œuvré pour que ce rêve devienne une prestigieuse réalité que le monde nous envie. »

Une telle déclaration est aujourd'hui impensable. Nous n'osons plus prétendre que le monde nous envie quoi que ce soit et beaucoup de journalistes en mal de *scoop* sont devenus des instructeurs à charge de nos grands projets[19].

Mais revenons aux infections par la légionellose. Cette bactérie commune peut devenir infectieuse et fragiliser l'état de personnes déjà affaiblies par une intervention lourde, au point d'être un élément qui contribue à un décès prématuré. C'est ce qui arriva à l'automne 2000 dans cet hôpital, pour 9 personnes infectées après de très lourdes interventions chirurgicales. Ces décès feront la

---

19. Pour l'instant, seul le viaduc de Millau ne semble pas être passé à cette moulinette.

une de plusieurs quotidiens nationaux, sans que le public comprenne la nature du problème, mais retienne ce nouveau « scandale », cette nouvelle faillite des experts. D'autres décès pour les mêmes causes, dans d'autres établissements français, seront passés sous silence ; quant à l'étranger, la presse de ces pays n'évoquera que rarement ces sujets parce que, pour reprendre le mot d'un Italien, « chez nous, il n'y en a pas... Il faut dire qu'on ne les cherche pas ».

Le lecteur intéressé par les détails pourra se reporter à l'ouvrage de Louis Omnès, le responsable du projet de l'époque, en quelques mots voilà ce qui s'est passé. Forte d'expériences antérieures malheureuses et notamment celles qui se produisirent à l'ouverture de l'hôpital Bichat au début des années 1980, dès 1997, l'équipe chargée de l'ouverture s'entoure des meilleures spécialistes d'hygiène hospitalière de l'Assistance Publique-Hôpitaux de Paris et confie une mission à l'entreprise française la plus reconnue dans ce domaine. À la suite de sa mission, cette entreprise propose des travaux qui seront réalisés. Au moment de l'ouverture, comme cette bactérie vit dans l'eau froide, le directeur retarde, précaution supplémentaire, la mise en service d'un système d'humidification de l'air dans les unités de réanimation.

Ces précautions ne suffiront pas, la bactérie est décelée quelques mois après l'ouverture ; or, pour la détruire, il faut réaliser un « choc thermique », c'est-à-dire porter l'eau chaude à 70 °C puis ensuite la maintenir à une température moyenne de 55 °C dans le réseau. Cela se révélera techniquement impossible : le réseau n'a pas été conçu pour cela. Il n'y a pas assez de débit dans les canalisations, les tuyaux sont trop petits ; en outre les lave-mains qui équipent toutes les chambres pour permettre en permanence à tout soignant de procéder à ce geste primordial en hygiène hospitalière, produisent des microfuites qui refroidissent l'eau chaude et les mitigeurs ne peuvent pas être purgés comme il le faudrait. Donc, le système qui permet de prendre une précaution systématique et justifiée – le lavage des mains – nuit à un autre aspect de la distribution d'eau, celui qui autorise la montée en température du réseau pour s'attaquer à une éventuelle épidémie de légionellose. La précaution d'ici nuit à la précaution de là.

Des travaux gigantesques seront entrepris, un programme de détartrage et de désinfection des 6 550 points d'eau sera réalisé, le réseau sera cloisonné... La légionellose sera maîtrisée. Les entreprises fautives seront poursuivies au tribunal administratif et les familles des malades porteront plainte contre l'hôpital.

Mais, six mois plus tard, la presse se fera l'écho d'une rechute. Elle sera sans fondement, mais pas sans conséquences médiatiques. France Télévisions, le voisin de l'hôpital, situé juste de l'autre côté de la rue de ce XVe arrondissement de Paris, sans vérifier ses sources, reprendra une « information » du journal *Le Parisien* et décrira dans son journal de 20 heures du 9 juillet 2001, les « tuyaux pourris » de l'hôpital. Il se trouve que les cas suspectés n'avaient pas été contaminés à Georges-Pompidou. Le mal médiatique était fait cependant et, pour ajouter du piquant moral à ces drames humains, ce soir-là, bien entendu, aucune mention ne sera faite du système de climatisation et d'aération du bâtiment de France Télévisions qui pourtant projetait 400 fois plus de légionelles par litre d'air[20] que l'hôpital ! Ce regrettable phénomène conduira aussi, dans ces locaux, à d'importants travaux, à des transferts de bureaux et, peut-être aussi, à une propagation des bactéries de l'autre côté de la rue... mais apparemment pas à l'impartialité de l'information, fût-ce celle d'une chaîne de télévision publique.

---

20. 400 000 contre toujours moins de 1 000 (seuil de crise). Probablement certaines de ces bactéries traversaient la rue.

L'infection hospitalière est aussi vieille que l'hôpital. Aussi longtemps que l'espèce humaine sera sur Terre, elle trimbalera avec elle plus de bactéries que le corps humain n'a de cellules[21]. Les antiseptiques, les antibiotiques ne donnent que des solutions provisoires, partielles et locales. Les hôpitaux auront toujours des infections nosocomiales. Il est impossible de les faire disparaître quoi que puisse prétendre la Cour de cassation qui, en condamnant en 1999 une clinique, laissa à penser que le taux d'infection pouvait être nul dans un établissement de soins. Les bactéries, dont nous ne pouvons pas nous passer, continueront à résister aux juristes, même les plus éminents[22]. L'écologie bactérienne est complexe. Il s'agit de gérer un système où les hommes, l'air, l'eau, les sols, les objets, interagissent. Il convient de tout faire pour diminuer le taux d'infection, il est impossible de les éradiquer. À quand l'éducation du public en la matière ? Pas demain ! Mais, après tout, est-elle nécessaire, la Chartre de l'environnement ne fait-elle pas partie de notre Constitution ? N'y a-t-il pas des milliers de règlements, de normes, de comités ? Certes, mais aucun ne dit comment s'équilibre un écosystème, fût-il artificiel.

On peut prendre des précautions pendant longtemps et puis un jour, l'on meurt et (presque) toujours d'un accident. Même Jeanne Calment qui détient encore le record mondial de la longévité homologuée de l'espèce humaine (1875-1997) serait, paraît-il, morte de soif. C'était un week-end, il y avait peu de personnel dans la maison qui l'hébergeait, il faisait chaud, elle n'a pas été

---

21. 100 milliards par gramme de substance intestinale !
22. Jean de Kervasdoué, « La découverte de l'année 1999 : la Cour de cassation invente l'homme "stérile", non porteur de germes », *Le Carnet de santé de la France en 2000*, Mutualité Française, Paris, 2000, p. 2006.

hydratée à temps, elle en est morte. Il eût fallu une personne à plein temps auprès d'elle comme il faudrait, principe de précaution oblige, que chaque conducteur de deux roues soit, au cas, où il aurait un accident, suivi par une ambulance.

Le chikungunya enfin. Ce virus, qui sévissait en Afrique de l'Est depuis des décennies et aux Comores depuis quelques années, a atteint l'île de la Réunion en 2004. Jusque-là, certes on en connaissait l'existence mais, comme le virus ne s'attaquait encore qu'aux déshérités de la planète, on[23] n'avait pas pris conscience qu'il faisait aussi mal. Transmis par des insectes, les entomologistes ne pensaient pas qu'*Aedes Albovictus*, insecte fréquent à la Réunion, puisse le transmettre, même si depuis 1977 on savait qu'il pouvait propager un virus de la même famille, le virus de la dengue. Toutefois, il se trouve que, vraisemblablement après une mutation[24], le virus du chikungunya s'est adapté aux glandes salivaires d'*Aedes Albopictus* ; il a alors pu le transmettre, et l'épidémie a ainsi commencé. Une mutation de ce type est, par essence imprévisible, elle se constate.

Faute de médicament approprié pour traiter cette infection, faute de vaccin, c'est donc à l'insecte qu'il faut s'attaquer. Durant leur vie, les insectes passent par différents stades, de la larve à l'adulte. Les larves vivent dans l'eau stagnante. Elles auraient pu être détruites si chaque Réunionnais, après avoir parcouru son jardin, avait éliminé tous les pots, vases et autres récipients dans lequel l'eau stagne et les larves éclosent. La population n'a eu que trop tardivement conscience de cette nécessité. D'autant que depuis l'éradication du paludisme, en 1979, la démoustication n'était plus prioritaire sur l'île.

---

23. Nous, les riches.
24. Sylvain Brisse, Institut Pasteur, Paris.

Comment faire pour convaincre d'un nouveau risque, pour toucher toutes les couches de la population, pour que le savoir scientifique devienne une évidence populaire ? Visiblement dans ce cas on ne l'a pas su, mais le sait-on ?

Les moustiques sont sensibles à des produits de nature différente selon qu'ils sont au stade de larve ou d'insecte. Mais le larvicide organophosphoré jusque-là utilisé (le Témephos) était – à tort – considéré comme dangereux par la population et donc peu utilisé. Quant au nouveau larvicide biologique (le Bti), le fabricant n'avait pas entamé de procédure d'homologation à Bruxelles, procédure obligatoire depuis 1998. Il n'a donc pas pu être immédiatement utilisé ; il ne l'a été qu'à la suite d'une procédure dérogatoire instruite à la demande du ministère de l'Environnement français, mi-février 2006. L'épidémie faisait alors rage et de nombreuses larves, passées au stade d'insectes, étaient en pleine activité. Quant aux insecticides dits « adulticides », il faut en épandre souvent, à faible dose pour s'attaquer aux générations successives d'insectes adultes, car les larves n'éclosent pas toutes au même moment. Mais les écologistes politiques sont de grands défenseurs des insectes : ne sont-ils pas la nourriture de base des oiseaux, batraciens et autres lézards ? « Quand on mobilise de manière bien plus intense les moyens de démoustication, on assiste à une levée de boucliers parmi les entomologistes, qui s'interrogent sur l'utilité d'une telle mesure[25]. » Tout donc a été prétexte pour ne pas épandre des insecticides par avion sur la partie de l'île qui est à moins de 600 mètres d'altitude, là où vit l'insecte. Quand l'épidémie a battu son plein, au début de l'année 2006, des mili-

---

25. Gilles Brücker, « La veille sanitaire à la Réunion sur la sellette. Le Pr Brücker : Pourquoi l'anticipation n'a pas été possible », *Le Quotidien du médecin*, 8 mars 2006.

taires français, à l'américaine, ont épandu devant les habitations, et les caméras de télévision, des doses considérables d'insecticides. Cela est venu bien tard, puis le changement de saison s'est pour l'essentiel provisoirement chargé de l'épidémie.

Tout ceci se passe alors que l'InVS estime que, selon son directeur général : « le chikungunya, au contraire[26], on l'a parfaitement anticipé. La veille sanitaire a fonctionné très en amont de l'épidémie, il n'y a eu aucune carence du système de surveillance. » Effectivement, le fait de prévoir n'implique pas que l'on veuille, que l'on puisse ou que l'on sache agir. Mais l'épidémie explose et « le système de surveillance ne permettait plus de suivre l'épidémie ». Comme le dit très justement Martine Ledrans, directrice du département santé-environnement de l'InVS : « Quand on est face à un phénomène totalement nouveau, par définition, on ne peut pas le prévoir, on n'a pas d'outils pour l'analyser[27]. » On ne saurait si bien dire, mais alors, à quoi sert l'inscription de la Charte de l'environnement dans la Constitution et le principe de précaution ? On le voit : à protéger les insectes, à faire croire qu'un produit efficace est aussi dangereux quelle que soit sa dose d'utilisation, et à mettre au point une procédure qui retarde l'utilisation du Bti lequel, à ma connaissance, n'est toujours pas utilisé en France métropolitaine où la procédure dérogatoire n'a pas été demandée.

---

26. Au contraire de la canicule.
27. Propos cités par Cécile Prieur, « À quoi sert la veille sanitaire ? », *Le Monde*, vendredi 7 avril 2006.

Une prétention de principe : doctus cum libro[28]

Dans *La Lettre volée*, Edgar Poe raconte la recherche d'une lettre dérobée par un haut personnage qui, dédaignant « les cachettes vulgaires », l'avait placée bien en évidence dans un porte-carte sur le manteau de la cheminée. La police l'avait recherchée partout, sauf là où elle se trouvait. Cette histoire me revient en mémoire quand un quelconque donneur de leçons voit, plus tard, ce que les spécialistes du moment n'ont pas su distinguer. Il est vrai qu'entre-temps ils ont pu apprendre où elle se trouvait. Ainsi quand, des années après, on lit les procès-verbaux des réunions professionnelles des hémobiologistes au moment de l'affaire du sang contaminé, il est aisé de constater qu'aucun ne voit « bien », ne voit « juste ». Par exemple, ceux qui prônent déjà la généralisation des tests continuent à collecter du sang dans les quartiers chauds de Paris. Aurait-on fait mieux à leur place ?

Les dangers de l'amiante sont connus depuis plus d'un siècle, mais, à l'époque, on acceptait aussi de considérer les bénéfices de ce produit ce qui n'est plus le cas aujourd'hui. Ainsi *The Lancet*, une des plus prestigieuses publications médicales du monde, indiquait en 1967 : « D'un autre côté, il y a un danger que les représentants du personnel surestiment les risques de traiter de l'amiante dans de bonnes conditions[29]. Il serait stupide de bannir en toute circonstance ce produit de valeur souvent irremplaçable. Il existe des situations où l'usage de l'amiante peut sauver plus de vies qu'il ne peut en mettre en danger[30]. »

---

28. *Doctus cum libro* : savant avec le livre.
29. Depuis 1938, la concentration acceptée aux États-Unis était de 5 mppcf (million de particules par pied cube).
30. *The Lancet*, « Control of asbestos hazard », June 17th, 1967.

Bien entendu, le « bien », le « juste », ne se définissent qu'*a posteriori*. *Doctus cum libro*, m'apprenait-on. La « vérité », comme la justification de décisions passées, ne sont souvent qu'affaires de calendrier. Non seulement l'impudence intellectuelle de certains est insupportable, mais elle se double en général d'un courage tardif. Comme le faisait remarquer l'une des personnes mises en examen de cette terrible affaire du sang contaminé, aucun des donneurs de leçons de l'affaire (1990-1991) du sang n'est venu à l'époque de l'incertitude scientifique (1984-1985) s'enchaîner aux portes du ministère de la Santé et défendre son point de vue avec la vigueur qu'un tel drame justifiait ! Ils étaient assourdissants de prétention cinq ans plus tard. Tous les Français d'aujourd'hui, moi le premier, ne s'imaginent que dans la peau d'un résistant de la guerre de 1940. Nul doute : nous sommes plus courageux que nos parents !

Une recherche souhaitée mais souvent impossible

Non seulement on n'a donc pas toujours la bonne clé pour comprendre une situation, un nouveau risque, mais la recherche exigée par la Charte de l'environnement n'est ni toujours possible, ni systématiquement couronnée de succès.

Il arrive que l'on ne puisse pas expérimenter du fait de la nature même de l'objet concerné. Il en est par exemple ainsi de l'écosystème de la Terre. Comme beaucoup de mes contemporains, je ne pense pas qu'il soit souhaitable de laisser la planète se réchauffer sans agir en attendant, par pure curiosité scientifique, un éventuel basculement de l'écosystème de la planète. Les décideurs politiques devront se contenter de modèles partiels, fluctuants, imparfaits, sous ou surestimant tel ou tel phénomène. Les données ne viendront jamais d'un plan d'expérience construit dans les règles de l'art avec plusieurs planètes « Terre », parcourant toutes la même orbite, certaines ayant des humains d'autres n'en ayant pas, certaines « Terre » ayant une humanité d'avant la révolution industrielle, d'autres d'après, certaines utilisant l'énergie nucléaire, d'autres le charbon... Pas de plan d'expérience possible, il faudra se contenter de modèles et d'hypothèses.

Il arrive que l'on ne puisse pas expérimenter pour des raisons éthiques. La France a précisément défini les siennes, à juste titre ; elles sont contraignantes.

Il arrive que l'on ne puisse pas collecter de données. Les raisons de cette impossibilité sont illimitées mais, le plus souvent, cela provient du fait que le phénomène passé ne peut pas être reproduit or, à l'époque où il a eu lieu, les instruments de mesure appropriés n'existaient pas ou n'étaient pas disponibles sur place. Il arrive aussi, en épidémiologie ou en sciences sociales, que les personnes concernées disparaissent sans laisser d'adresse. Un exemple français illustre l'une de ces impossibilités qui, pourtant, n'a pas été suffisante pour arrêter les promoteurs de la recherche, en vertu du principe de précaution !

Une recherche n'est pas toujours convaincante, même quand elle aboutit

À côté de Paris, à Nogent-sur-Marne, une école fut construite en 1969 sur le site d'extraction du radium de Marie Curie, site actif entre 1904 et 1925. Par crainte des conséquences de l'irradiation de traces d'éléments radioactifs, trois études furent menées pour tenter de mesurer l'impact de cette radiation inhabituelle en région parisienne. De la dernière[31] il ressort notamment les conclusions suivantes :

« S'agissant des enseignants et des personnels communaux, 8 cancers et 6 décès ont été observés pour respectivement 8 et 11 statistiquement attendus. Compte tenu de la quasi-exhaustivité de la reconstitution de la cohorte des enseignants et des personnels communaux, ces calculs de risque suggèrent qu'il n'y a pas d'excès de risque de cancer au sein de cette population. » Si les enseignants et les personnels communaux ont donc pu être retrouvés, cela n'a pas été le cas pour les élèves.

« Cette étude fait suite à deux autres études menées sur le sujet. Aucune de ces études n'a pu apporter des éléments conclusifs à la question posée de l'impact de l'exposition aux rayonnements ionisants sur l'ensemble de la population ayant séjourné dans l'école Marie-Curie de Nogent-sur-Marne. Les anciens élèves et personnels de l'école ont été exposés à des doses de rayonnement supérieures aux valeurs limites d'exposition du public, notamment avant 1987. Les connaissances scientifiques du moment suggèrent que les conséquences sanitaires éventuelles se situent dans le domaine des "faibles risques". Le défaut d'exhaustivité dans la réalisation de l'enquête et le manque de puissance statistique ne nous ont pas permis de mesurer l'impact sanitaire éventuel de l'exposition aux rayonnements ionisants chez les anciens élèves de l'école Marie-Curie de Nogent-sur-Marne. »

Nous retrouvons ici ce que nous avons déjà vu en traitant du risque nucléaire : un éventuel effet pathogène n'est pas empiriquement constaté quand les doses sont faibles. Nous allons constater cependant que si cette histoire est une confirmation du chapitre consacré au risque nucléaire,

---

31. « Étude des conséquences d'une exposition aux rayonnements ionisants sur la santé des personnes ayant séjourné à l'école Marie-Curie de Nogent-sur-Marne », *InVS* publications, 2004.

elle n'est pas une redite. En effet, avant de lancer l'étude, les chercheurs avaient bien prévenu les autorités que toute nouvelle investigation ne servirait à rien, faute de données disponibles. Ils le confirment dans la conclusion de leur rapport : « Ces difficultés avaient été soulevées dès la réalisation du protocole d'étude, et justifient qu'à l'avenir et en présence de problématique similaire, l'attention nécessaire soit portée à l'étude de faisabilité avant tout engagement. » L'histoire devrait s'arrêter là ; elle a une suite.

Quelques années plus tard, le directeur général de la Santé, du ministère du même nom, s'empare de ce cas pour lancer un débat sur « la responsabilité sociale des épidémiologistes[32] ». Il commente cette réponse des chercheurs de l'InVS en déclarant : « Une telle impuissance n'est tout de même guère évidente à formuler dans un débat public ! [...] Il est trop facile de se draper dans la pureté méthodologique en privilégiant les questions de validité mais en laissant les autorités et la population inquiètes et sans réponse. » J'avoue ne pas comprendre ce point de vue : que la population soit inquiète, c'est compréhensible ; qu'il y ait toujours une réponse à cette inquiétude est en revanche très discutable d'autant que, dans ce cas, la réponse de l'InVS est claire. Elle pourrait être paraphrasée comme suit : pour les enseignants et le personnel communal – la population la plus exposée –, aucun effet n'a pu être démontré (les décès constatés sont même inférieurs aux décès statistiquement attendus dans la population générale), pour les élèves, comme on a perdu la trace d'un nombre important d'entre eux (42 %), on ne peut rien affirmer mais, s'il y a quelque chose, il n'y a pas grand-chose[33].

---

32. William Dab, « La responsabilité sociale des épidémiologistes : un débat nécessaire », *Revue d'épidémiologie et de santé publique*, n° 53, pp. 473-476, Masson, Paris, 2005.
33. En termes épidémiologiques, on parle de « faible risque ».

Le principe de précaution, source de confusion et d'injustice

Que peut-on attendre d'autre ? Il est vrai que ce constat, après d'autres, brise la croyance largement répandue de l'effet pathogène des rayonnements ionisants à n'importe quelle dose et contredit, une fois encore, le modèle officiel selon lequel ces rayonnements seraient toujours toxiques. Mais les experts de l'InVS ne sont-ils pas justement « socialement responsables » en se cantonnant à leur rôle ? La question centrale en politique est toujours, toujours, celle de la légitimité. La source de légitimité des experts (le savoir) n'est pas celle des élus (l'élection). C'est aux élus, aidés de leurs fonctionnaires, de traduire en termes clairs le résultat des études. La volonté des experts de ne pas entrer dans le champ politique est non seulement souhaitable mais essentielle. Le refus de dépenser bêtement l'argent public est aussi un comportement digne d'éloge, « socialement responsable » cette fois, pour ne pas toujours usurper ce qualificatif. Ce n'est pas le point de vue qui prévalut : « Il faudrait que la population, les médias et les décideurs fassent une totale confiance aux experts pour que l'on renonce à l'étude souhaitée sans pour autant donner le sentiment qu'on cherche à échapper à un verdict scientifique et à ses conséquences nécessaires. Une telle attitude provoquerait vraisemblablement une vive controverse et une crise médiatique majeure[34]. » Rappelons que, dans le cas de cette école, et de ses enseignants et élèves, il y avait déjà eu deux études ; on savait donc pertinemment que l'on ne retrouverait pas les personnes dont on avait perdu la trace d'autant que, en général, ces choses-là ne s'arrangent pas avec le temps.

---

34. William Dab, art. cit., note 30.

Pour ma part, je ne comprends pas, mais pas du tout, que l'on puisse placer sur un même plan la population, les médias et les décideurs. Si les décideurs n'ont plus confiance dans les experts, pourquoi les consultent-ils ? En outre, faut-il considérer que les médias et la population ne peuvent plus être sensibles à un argument de simple logique, que seule l'émotion compterait, seule la croyance commune (ils ont reçu une dose supérieure à la dose tolérée, donc ils sont malades) pourrait être entendue ? Enfin, si la confiance est si limitée, pourquoi croire que la énième future étude convaincra plus que toutes les précédentes ?

Cet exemple illustre la fragilité de l'État. Peu assurée de sa légitimité démocratique, la classe politique tente de capter celle des experts pour obtenir une audience médiatique. Dans ce cas, comme dans quelques autres[35], les experts de l'InVS ont la force de demeurer dans leur rôle au prix de commettre le sacrilège de laisser les médias en manque de... scoop ! Ils ne connaissent encore que le langage de la raison ; pour combien de temps ? Quoi qu'il en soit, le principe de précaution semble modifier les repères au point d'oublier l'essentiel : l'ordre des différentes sources de légitimité. Ce changement d'ordre ne débouche que sur deux issues : le ridicule (c'est la moins grave), ou la tyrannie. Ce n'est pas d'hier que les puissants cherchent à être aimés, que les hommes politiques (français) désirent être reconnus pour leur talent d'écrivain et que les fonctionnaires veulent sortir de l'anonymat pour tirer une réputation de leur talent d'expert. Mais, dans chaque cas, il s'agit d'un changement d'ordre.

La responsabilité sociale des experts est de réaliser des études rigoureuses en veillant à l'argent des contri-

---

35. Il en est heureusement ainsi des juges dans la révision du procès « Seznec » en décembre 2006 : ils sont restés dans leur rôle de juges malgré la pression des médias et de la famille.

buables. Donc, de considérer comme naturel, voire légal, un changement d'ordre, chercher de passer du « scientifique » au « social », n'est pas rassurant, mais inquiétant. Il n'y a pas encore, je l'espère, de « primauté du politique sur le scientifique[36] » car leur domaine respectif n'est pas de même ordre. En revanche, personne ne contesterait que le politique décide de prendre telle ou telle mesure, c'est son rôle[37]. L'un s'efforce d'être dans le domaine du vrai, fût-il impossible à atteindre, l'autre dans celui du juste, de l'efficace, de l'utile...

Il y a plus de trois siècles, Blaise Pascal expliquait déjà le danger de tout changement d'ordre. « Il n'est pas nécessaire, disait-il à son élève, parce que vous êtes duc, que je vous estime ; mais il est nécessaire que je vous salue. [...] Si vous étiez duc sans être honnête homme, je vous ferais encore justice ; car en vous rendant les devoirs extérieurs que l'ordre des hommes a attachés à votre naissance, je ne manquerais pas d'avoir pour vous le mépris intérieur que mériterait la bassesse de votre esprit[38]. » Valeur intrinsèque et valeur sociale ne doivent pas, lui disait-il, ne devraient toujours pas quelques siècles plus tard, être confondues.

Plus loin, dans le même texte, Pascal souligne qu'un changement d'ordre est toujours une « injustice ». Autrement dit, s'il est juste de demander aux scientifiques de tirer des conclusions des données existantes, il me paraît inapproprié de suggérer aux épidémiologistes

36. Cette primauté du politique sur le scientifique dans le domaine de la recherche me rappelle une anecdote. Du temps de la dictature des Ceausescu en Roumanie, l'histoire suivante circulait sous le manteau. Madame, la « scientifique » du ménage, docteur *honoris causa* de nombreuses universités, à qui l'on parlait de loi de la pesanteur, répondait : « Moi, je n'y comprends rien, je suis la scientifique, pour les lois parlez-en à mon mari, c'est le juriste. »
37. On contestera plutôt le fait qu'ils ne prennent pas de décision et que la recherche soit une excuse de plus à l'inaction.
38. Blaise Pascal, *Trois discours sur la condition des Grands*, *Œuvres complètes*, Le Seuil, Paris, 1988, p. 367.

« d'intervenir de façon visible sur des questions sociétales[39] ». Ils le peuvent à titre de citoyen, de membre d'association, de militant de parti politique, pas d'épidémiologiste, sinon, une dernière fois, ce serait un changement d'ordre.

Une recherche par essence incertaine

Enfin, il semble trivial mais nécessaire de rappeler que la recherche est par essence imprévisible : si on cherche c'est parce qu'on n'a pas trouvé. Mais ce n'est pas non plus parce que l'on dépense beaucoup d'argent que l'on trouve systématiquement. Trente-cinq années d'efforts suivis et considérables dans le domaine du cancer[40] ont pour l'instant beaucoup contribué à l'amélioration des connaissances en biologie et si celles-ci ont joué un rôle significatif dans la thérapeutique de certaines tumeurs, les progrès tangibles sont parfois bien minces. De plus, si la recherche débouche parfois sur des solutions, il arrive que ce soit aussi sur des abîmes de... perplexité. La recherche accroît souvent l'incertitude.

Au mieux, le principe de précaution ne sert qu'à accroître la légitimité bureaucratique de l'État, à « désenchanter le monde » pour reprendre l'expression de Max Weber. Alexis de Tocqueville dans *De la démocratie en Amérique* parlait de « servitude douce ». « Le souverain étend ses bras sur la société tout entière. Il en couvre la surface d'un réseau de petites règles compliquées, minutieuses et uniformes, à travers lesquelles les esprits les plus originaux et les âmes les plus vigoureuses ne sauraient se faire jour pour dépasser la foule. »

---

39. William, Dab, art. cit.
40. En 1972, dans un discours resté célèbre, Richard Nixon déclarait que si l'on pouvait envoyer un homme sur la Lune on devait être capable de traiter le cancer, laissant ainsi entendre que le succès n'était qu'une question de moyens.

Une peur irrationnelle et donc intraitable

Nous ne serions pas exhaustifs si, au-delà des sujets dramatiques que nous venions d'évoquer, nous ne consacrions pas, avec la place qu'elles méritent, quelques lignes aux peurs contemporaines. Elles ne sont pas nouvelles. Nous avons déjà évoqué les dialogues fictifs de deux australopithèques imaginés par Roy Lewis dans un livre[41] aussi hilarant qu'instructif. L'un, le progressiste, est aussi l'inventeur de la maîtrise du feu, l'autre, le réactionnaire, estime qu'une telle découverte est extrêmement dangereuse et menace l'humanité, si bien qu'il se retire dans les arbres pour ne pas voir les dégâts d'une telle innovation...

Le feu est réellement dangereux, ce qui semble-t-il n'est pas le cas des quelques exemples qui suivent, dont l'innocuité apparente subsiste en dépit de nombreuses tentatives de démonstration de leur danger supposé. Les fours à micro-ondes, les lignes à haute tension ont fait l'objet de telles craintes. Au XIXᵉ siècle, il y eut une abondante littérature portant sur les méfaits présumés des trains et de leur vitesse et du télégraphe qui modifiait le temps... « L'extrême rapidité des voyages en chemin de fer est une chose antimédicale. Aller, comme on le fait, en vingt heures, de Paris à la Méditerranée, en traversant d'heure en heure des climats si différents, c'est la chose la plus imprudente pour une personne nerveuse. Elle arrive ivre à Marseille, pleine d'agitation, de vertige[42]. » Ce n'était pas, semble-t-il, parce qu'elle s'était arrêtée dans

---

41. Roy Lewis, *Pourquoi j'ai mangé mon père, op. cit.*
42. Jules Michelet, historien français, 1798-1874. Un des grands esprits du XIXᵉ siècle, professeur à l'École normale supérieure puis au Collège de France...

tous les buffets gastronomiques[43] du chemin, mais parce qu'elle « avait traversé des climats si différents ».

Un siècle et demi plus tard, comme le remarque très justement Luc Ferry : « Ce qui est nouveau ce n'est pas la peur mais la déculpabilisation de cette peur. Sous l'effet des mouvements pacifistes et écologistes, la peur est devenue une passion positive, une sorte d'instrument censé conduire vers la prudence, voire la sagesse... Aujourd'hui on porte sa peur en bandoulière[44] ! » Les sujets d'actualité sont les téléphones portables et leurs relais, les champs magnétiques et les OGM. Le fait que les gouvernements prennent au sérieux ces préoccupations les justifient *a posteriori* même quand « les dépenses réservées aux recherches sur la biosécurité des OGM sont vingt fois plus élevées que celles appliquées aux plantes traditionnelles dont l'innocuité n'est *a priori* pas supérieure... Les OGM constituent la nourriture la plus sûre car la plus surveillée[45] ». Toutefois, la crainte prédomine et les procédures d'autorisation de tout essai en plein champ d'OGM sont tellement complexes qu'elles sont en pratique quasi impossibles[46]. Un requérant, et il n'en manque pas, est assuré d'obtenir l'annulation de toute autorisation délivrée par le ministère de l'Agriculture tant il existe d'angles d'attaque juridique : les procédures sont à la fois nationales et communautaires, il est possible d'en contester la légalité interne et

---

43. « Valence, Valence ! Dix minutes d'arrêt. Buffet gastronomique », entendait-on, à l'époque, au haut-parleur de la gare. Je me suis toujours demandé comment l'on pouvait gastronomiquement se restaurer en dix minutes.

44. Luc Ferry, « La peur conduit à l'État providence, la colère conduit à la droite autoritaire », *Sociétal*, n° 55, janvier 2007.

45. Louis-Marie Houdebine, « Les effets sanitaires potentiels des organismes génétiquement modifiés », *Environnement, Risques & Santé*, vol. 3, n° 6, pp. 341-352, novembre-décembre 2004.

46. Halima Boualili, « Le conseil d'État et les autorisations de dissémination des OGM », *Revue de droit sanitaire et social*, n° 6, novembre-décembre 2006, pp. 1019-1029.

les procédures, de faire référence au principe de précaution... Il est remarquable que certaines entreprises tentent encore, en France, de réaliser de tels essais, d'autant
que le tribunal d'Orléans a relaxé, en décembre 2005,
49 « faucheurs volontaires » car, selon ce tribunal de première instance, les prévenus apportaient « la preuve
qu'ils ont commis une infraction de dégradation volon-
taire de biens d'autrui en réunion pour répondre de l'état
de nécessité... [qui] résulte de la diffusion incontrôlée de
gènes modifiés qui constitue un danger actuel et immi-
nent pour le bien d'autrui ». Les détracteurs de ces techniques ne sont jamais convaincus. Ils ont logiquement
raison : un jour, peut-être, on démontrera que l'une ou
l'autre, dans telle ou telle circonstance, pour telle ou telle
pathologie, est dangereux[47].

Le danger des téléphones portables n'a pu être démontré[48], ils sont donc provisoirement sans danger, et ce provisoire durera jusqu'à la fin des temps, car il est logiquement
impossible de démontrer que l'usage d'un produit puisse
être toujours, dans toute circonstance, sans risque. Il est
envisageable, en revanche, de rechercher les méfaits éventuels de telle ou telle technique sur tel ou tel organe. Par
exemple – exemple idiot –, il est possible de se demander
si les porteurs de lunettes ont plus de cancers de la peau
que ceux qui n'en portent pas ; mais il est impossible de
démontrer que l'usage des lunettes, pas plus que celui du
téléphone portable, sera toujours parfaitement sans danger. La démonstration de cette impossibilité formelle
remonte à 1934[49], année de publication du livre de référence de Karl Popper dont nous avons déjà parlé. Dans
cet ouvrage d'épistémologie, le philosophe démarque un

---

47. Pas trop cependant, sinon ça se verrait.
48. Les Britanniques ont notamment démontré que les téléphones portables
n'étaient pas à l'origine d'explosion dans des raffineries comme le bruit en a
couru, mais que les explosions analysées provenaient de l'électricité statique.
49. Karl Popper, *La Logique de la découverte scientifique*, 1935.

propos scientifique d'un propos qui ne l'est pas, en soulignant que le premier est empiriquement falsifiable (on peut démontrer qu'il est faux et non pas qu'il est juste), pas le second[50]. Soulignons qu'une conclusion évidente de cette analyse succincte est, bien entendu, qu'il ne sert à rien de prendre des précautions pour éviter des phénomènes dont on ne connaît pas l'origine car, jusque-là, tous ceux auxquels on pensait se sont révélés sans danger.

« La mise en œuvre de procédures d'évaluation des risques », celle que l'article 5 de la Charte de l'environnement commande de déclencher, peut alors devenir un processus sans fin tout simplement parce qu'ayant échoué à démontrer la dangerosité ici, il est toujours possible de l'imaginer là, puis d'attendre les résultats d'une autre étude longue et coûteuse, et ainsi de suite.

Le principe de précaution légitime l'Inquisition du troisième millénaire

Pour certains extrémistes cette évaluation même doit être interdite. Les « faucheurs volontaires », dont l'emblème médiatisé est José Bové, vont jusqu'à empêcher que l'évaluation des OGM puisse avoir lieu au nom de leur conception du principe de précaution qui prend alors une dimension religieuse. On les entend prétendre que pour les tenants de la foi écologique ces êtres sont néfastes et leur existence même est impensable. Peu importe qu'il s'agisse de tester telle ou telle hypothèse et, ce faisant, de protéger les éventuels futurs consommateurs, pour ces Inquisiteurs de tels produits ne doivent pas exister. L'Inquisition ne faisait pas autre chose que de supprimer

---

50. De façon plus légère, mais tout aussi philosophique, Coluche rappelait que la preuve que le communisme n'était pas scientifique était qu'il n'avait pas été essayé sur les animaux.

l'existence de ceux qui cherchaient dans le doute. « Il ne faut pas de raison pour croire, il en faut pour douter. »

La France retombe dans un obscurantisme intellectuellement aussi malhonnête que médiéval. En effet, les faucheurs volontaires savent, en lisant la presse internationale, que ces OGM plantés dans le monde entier n'ont, ni pour l'homme, ni pour la nature, les tares qu'ils prétendent et, si d'autres tares existaient, elles n'ont pas encore été démontrées.

Enfin, en ce qui concerne le public, faut-il rechercher dans ces peurs une confusion entre la technique et son usage ? Peut-être, mais là encore, si tel était bien le cas, le débat ne serait pas nouveau : c'est celui d'Esope sur la langue, organe aussi dangereux que bienfaisant, remarquait-il il y a vingt-cinq siècles.

Quant à l'obligation d'information des consommateurs par l'étiquetage, elle renvoie à cette peur collective, elle n'ajoute rien à la sécurité et, pour ce qui est de la « contamination » des lots de graines « naturelles[51] » par des traces d'OGM, rappelons que les gènes ne sautent pas d'une graine à l'autre, il n'y a aucune « contamination » ni par l'amiante (une fibre), ni par un OGM (un être vivant), sauf pour les végétaux quand ils fleurissent et que le pollen de l'un vient féconder le pistil de l'autre.

« Quand on dépasse les bornes, il n'y a plus de limite[52] »

Si l'on revient à la Charte de l'environnement, on voit bien que la recommandation d'inciter les recherches sur

---

51. Elles ne le sont pas, elles ont été longuement sélectionnées.
52. Christophe, *Le Sapeur Camember*, cité involontairement par Georges Pompidou en 1968.

le danger éventuel d'une substance, d'un produit, d'un rayonnement ou d'une onde électromagnétique ne conduit jamais à la démonstration de son innocuité totale : ce qui est apparemment sage est logiquement impossible. Il est absurde de renverser la charge de la preuve. La conséquence politique est lourde : les associations qui se forment pour exiger de telles démonstrations ont beau jeu de pousser le bouchon chaque fois un peu plus loin. Certes, pourraient-ils dire, « vous venez de démontrer que la masturbation ne rendait pas sourd, mais démontrez-nous maintenant qu'elle ne rend pas aveugle, puis, cette étude réalisée, qu'elle n'accroît pas la fréquence de la maladie d'Alzheimer, ou la gravité des atteintes du Chikungunya... », et ainsi de suite. Cette impasse conduit au conflit ou à l'argument d'autorité. Or, ce qui semblait possible autrefois, au nom du progrès, au nom du bien commun, devient impossible. L'État consulte, l'État étudie, L'État national ou supranational attend. L'État a peur et les obscurantistes sont assurés de l'immunité pénale, car c'est l'État qui décide. Ce qui conduit d'ailleurs à ce que, en vertu du même principe, avec les mêmes données, des pays différents prennent des décisions dissemblables. Il s'agit de valeur et non pas de connaissance et de risque probabilisable.

Par exemple, le Royaume-Uni et le Canada ont, depuis plusieurs années, abandonné le test qui consiste à injecter dans le péritoine de trois souris des extraits d'estomac d'huîtres pour savoir si ces mollusques sont dangereux pour la consommation humaine. Ce test n'est pas fiable, et on ne sait pas de quoi véritablement meurent les souris surtout au bout de vingt-quatre heures[53]. Les ostréiculteurs d'Arcachon regrettent amèrement que cela n'ait pas

---

53. On attend vingt-quatre heures en France et cinq heures seulement en Espagne pour constater un éventuel décès de ces pauvres animaux, à qui l'on impose une manière très inhabituelle de déguster des huîtres.

été le cas en France en 2006 quand les spécialistes se sont contentés de donner une réponse bureaucratique : « On est dans une interprétation douteuse des réglementations européennes », déclare à la presse le directeur de la section régionale conchylicole[54] qui évoque donc une réglementation et non pas un processus physiologique.

En attendant, les chercheurs qualifiés dans certains domaines (OGM, cellules souches...) quittent la France. La recherche qui se fait encore sur le territoire national s'intéresse à d'autres sujets, les entreprises spécialisées réalisent leurs expériences ailleurs. On ne peut que remarquer que les premiers bénéficiaires de cette paralysie française et européenne sont les industriels d'Amérique du Nord, de Chine, d'Inde... ou, pour l'industrie nucléaire, des pays pétroliers ; de là à imaginer qu'ils sont actifs, il n'y a qu'un pas que nous ne franchirons pas, faute de preuve.

Pourtant, nous aurons un jour en France des OGM, nous en mangerons[55]. Ils seront brésiliens, indiens, américains, chinois... produits par des industriels puissants et étrangers. En la matière, la question politique centrale n'est pas l'impact de ces produits sur la santé, qu'il faut bien entendu étudier – il l'a été et le sera –, mais la propriété du vivant. Quelques entreprises posséderont les semences de base de la plupart des grandes plantes cultivées et cela méritera un débat dans lequel nous aurons du mal à avoir une quelconque légitimité faute d'avoir alors notre propre industrie.

L'Occident a pu progresser pendant cinq siècles en limitant le champ du religieux, en considérant que l'auto-

---

54. Daniel Cadis, « Les huîtres d'Arcachon hors de cause dans les deux décès de septembre », *Le Figaro*, 13 novembre 2006.
55. Nous mangeons déjà de la viande d'animaux importés nourris par des plantes génétiquement modifiées.

rité n'était justement pas, dans certains domaines, un substitut de la raison. On revient au Moyen Âge. On en paiera le prix. Quand Malraux disait, paraît-il, que le XXIᵉ siècle serait religieux ou ne serait pas, il ne pensait vraisemblablement pas à ces nouvelles croyances de l'Occident encore chrétien.

Un principe
qui n'élimine pas les rapports de force

Bien entendu, une dernière remarque, certes triviale, mais qui ne peut être tue : le principe de précaution, tout principe qu'il soit, n'évacue pas les rapports de force. Les États-Unis continuent d'utiliser les antibiotiques dans l'alimentation animale car ils accélèrent la croissance du bétail, même s'il est à craindre que cette utilisation généralisée favorise la sélection de bactéries résistantes. Les Japonais, les Russes, les Coréens pêchent le thon en Méditerranée et le pêcheront aussi longtemps que cela ne leur sera pas interdit. L'usage du charbon en Chine a un bel avenir, même si pour des raisons sanitaires et environnementales il faudrait en limiter l'usage. Qui a la capacité de contraindre ces pays et d'expliquer que ce dont ont bénéficié les Occidentaux n'est plus accessible à ces pays ambitieux et fiers de leur présent comme de leur passé ? Si la France, qui ne rejette que 1,5 % du gaz à effet de serre, arrêtait toute émission, cela ne changerait strictement rien au réchauffement global de la planète. Bien entendu, ceci n'excuse pas le fait qu'elle fasse peu. Constatons cependant que tous les efforts de ces dernières années ont été balayés par... la commercialisation des écrans de télévision à plasma (les écrans « plats ») : ils augmentent la consommation moyenne d'énergie comme si, à chaque foyer équipé, s'était ajouté un habitant. La connaissance des ordres de grandeur, dans ce domaine comme en santé publique, est nécessaire pour juger des discours politiques et des mesures qui le cas échéant en découlent.

Il faudrait convaincre tout le monde, j'aurais dû écrire tout le Monde, et agir ensemble. Pour l'instant, même si je suis convaincu de la nécessité d'une telle politique, on ne m'a pas expliqué comment on limiterait, dans les années qui viennent, la consommation d'énergie fossile, sauf à imposer une croissance considérable et universelle du prix des sources d'énergie productrice de gaz carbonique (charbon, bois, gaz, pétrole) et en conséquence une baisse substantielle de la consommation et du pouvoir d'achat des ménages. N'ouvre-t-on pas en ce moment des mines de charbon en Pologne pour fournir la demande chinoise ? Le bien-être des nations n'est-il pas mesuré par la croissance économique, elle-même fortement corrélée à la production de gaz carbonique ? Or cette mesure de la performance des nations me semble avoir un impact autrement important sur l'atmosphère de la planète que le vote du principe de précaution, jusqu'ici, semble-t-il, plus une excuse qu'un guide de l'action publique. La démocratie française s'enivre de déclarations de principe au point d'oublier plus prosaïquement de tenter de les mettre en pratique.

Le principe de précaution s'impose quand on n'en a pas besoin, ne sert à rien quand l'inattendu se produit, et, faute de pouvoir imaginer l'inimaginable, ne donne aucun argument convaincant pour arrêter la course des hommes dans l'accès aux bénéfices tangibles des sociétés techniques. N'oublions pas : l'espérance de vie augmente dans les pays riches, les humains souffrent moins, les femmes[56] se déchargent – grâce aux machines – d'une partie du fardeau domestique, les plus riches n'ont plus jamais ni trop chaud, ni trop froid, sauf quand ils souhai-

---

56. Oui, toujours, surtout elles car elles continuent à assurer relativement seules le fardeau domestique !

tent goûter brièvement un parfum d'aventure, avant de se replonger avec délices dans la douceur de leur chambre ou de leur voiture qui, selon l'endroit ou la saison, sera chauffée ou climatisée. L'écologie humaine s'oppose à l'écologie de la planète, c'est en termes conflictuels que la question se pose, et non pas en évoquant un ridicule « principe » qui s'imposerait de lui-même et que je n'ose plus qualifier, fût-il constitutionnel.

L'opinion gouverne la précaution

Mais les ravages de cette aberration ne s'arrêtent pas là. En effet, si la raison ne guide plus la prudence, c'est l'opinion publique qui l'oriente. Elle a remplacé les injonctions divines. Les instituts de sondage[57] jouent la fonction autrefois confiée aux prédicateurs du dimanche : ils nous guident sur ce qu'il est bienséant de penser, surtout quand un point de vue est (statistiquement) écrasant. Ainsi par exemple, la dioxine a mauvaise réputation. La pauvre[58] n'est pourtant pas sans qualités : isolante, chimiquement stable, elle est aussi relativement ininflammable ; il est vrai qu'elle est aussi toxique pour une de ses variétés, à certaines doses, pas plus toutefois qu'une dizaine de milliers d'autres substances. L'opinion, guidée par la lumière de juristes talentueux s'autoproclamant chimistes, médecins et écologistes, va ainsi conduire les instances régulatrices à s'acharner sur les rejets de dioxine, et retarder la construction d'incinérateurs au plus grand plaisir des rats et des goélands qui, en attendant, se goinfrent dans les décharges à l'air libre et polluent la nappe phréatique avoisinante, sans parler du

---

57. Il suffit de constater leur présence cathodique.
58. Il faudrait dire les : il y en a plusieurs.

paysage moucheté de sacs en plastique qui battent au vent.

Sans ouvrir une longue parenthèse, rappelons cependant quelques évidences logiques et quelques résultats de la recherche mondiale en psychologie sociale, discipline qui étudie l'opinion et qui est devenue un des substrats théoriques du marketing.

Tout n'est pas affaire d'opinion. L'Europe est sortie du Moyen Âge parce que certains esprits de l'époque ont considéré que tout n'était pas religieux. Les Européens ont alors cessé de se réunir pour rechercher, par l'argumentation et l'exégèse des textes, la nature du sexe des anges, ou tenter de savoir si le premier homme avait un nombril et combien d'anges pouvaient tenir sur une tête d'épingle. Au début du XVe siècle, un sondage représentatif de l'opinion française aurait sans nul doute affirmé que la terre était au centre du système solaire. Six siècles plus tard, j'ai l'impression que le nombre de morts de la catastrophe de Seveso ou la toxicité des nitrates redeviennent affaire d'opinion et non plus de connaissance. La fonte des glaces du pôle Nord, en vertu du principe d'Archimède[59], n'augmentera pas le niveau de la mer d'un milliardième de millimètre quoi que en pense la majorité de mes contemporains Ce n'est pas parce qu'un nombre substantiel de Français croit à l'efficacité de l'homéopathie, au point de faire vivre une industrie florissante, que l'on a pu démontrer pour autant que cette thérapeutique avait une efficacité supérieure à un placebo. J'aimerais penser que 2 et 2 finissent toujours par faire 4, aussi longue que soit la négociation, que la raison – dans son domaine limité – finira par l'emporter ; ce

---

59. Le pôle Nord se situe en mer et non pas, comme le pôle Sud, sur un continent. Bien entendu, la fonte des glaces du Groenland aura un effet sur le niveau de la mer.

n'est plus toujours le cas. Bâtir une politique sur la dictature de l'opinion n'est pas sans danger pour, notamment, les quelques raisons suivantes.

Faute de formation appropriée, certains concepts ne sont pas compris par la très grande majorité de la population et donc toute question qui utilise l'un ou l'autre de ces termes n'a pas de sens. Ce constat n'a rien de condescendant. Il est purement factuel et aisément vérifiable. En effet, pour aborder de nombreux domaines de la connaissance, à commencer par la médecine, il faut des années d'études supérieures, une dizaine parfois, pour connaître l'histoire, les découvertes, les méthodes et enfin les enjeux du domaine étudié par une discipline déterminée. L'âge de l'information n'est pas nécessairement celui de la connaissance, même si les mots sont familiers. Pour prendre un exemple banal, beaucoup de gens confondent virus et bactéries et plus nombreux sont encore ceux qui ignorent leur taille relative (les virus sont entre 2 000 et 20 000 fois plus petits que les bactéries). À ce degré de différence (3 à 4 ordres de grandeur) ce n'est pas un détail car ce changement d'ordre a beaucoup d'implications pratiques. Un nombre important de Français (40 %) croient qu'ils n'ingéreraient des gènes de tomates que s'ils prenaient le risque de manger une tomate transgénique. Les autres, les rouges, les « en grappe », les « cœurs de bœuf », celles du jardin ou d'ailleurs, n'auraient pas de gènes ! L'ignorance de l'opinion manipulée, notamment dans ce domaine, par certains groupes de pression est abyssale.

Les questions posées dans une enquête ne sont jamais choisies au hasard. On ne teste jamais toutes les opinions sur tout, il y a toujours quelqu'un qui a intérêt à ce que la question soit posée et qu'elle soit façonnée à sa manière. Ces enquêtes sont toujours payées par quelqu'un. La communion de l'opinion et des médias n'est jamais gratuite.

À une question, il n'y a pas toujours de réponse, parce qu'il est aussi fréquent que légitime de ne pas avoir d'opinion. La possibilité de poser une question ne doit pas être une obligation de parler.

Enfin, pour utiliser le terme de la psychologie sociale, on peut qualifier « d'attitude » la réponse donnée à une question d'un institut de sondage. « L'opinion » est donc un ensemble « d'attitudes ». Or des décennies de recherche dans ce domaine démontrent, le lecteur en sera peut-être surpris, qu'il y a peu de liens entre attitude et comportement. Autrement dit, le fait de découvrir après enquête que 62 % des personnes sondées aiment le camembert XYZ, ne veut pas dire que 62 % d'entre elles vont l'acheter. D'après les recherches effectuées en la matière, l'inverse serait plus proche de la réalité, c'est-à-dire que le fait d'avoir acheté ce camembert justifie *a posteriori* une attitude positive à son égard. Mais, direz-vous, tout cela est inexact car les sondages électoraux, certes imparfaits, prévoient assez bien les résultats des élections. C'est en effet l'exception qui confirme la règle, notamment, semble-t-il, parce que la situation du sondage est assez proche du comportement de vote. C'est parce que la mesure des attitudes est peu efficace que la plupart des études de marché se terminent par un test du produit en vraie grandeur auprès d'un panel de consommateurs. On ne se contente plus de demander aux consommateurs potentiels ce qu'ils en pensent, on les fait regarder, goûter, boire ou sentir et comparer les produits A à B, B à C, A à C...

L'opinion est donc une matière flasque, dangereuse, manipulable et manipulée. L'opinion est le résultat d'un rapport de force. Il est de notoriété publique que le mouvement antinucléaire allemand a été financé par les fabricants de lignite et l'Union soviétique qui, dans les années 1950, souhaitait dans ce domaine son retard sur les pays occidentaux. Qui finance aujourd'hui l'information ou la désinformation sur telle ou telle substance, molécule, procédure de dépistage ? Quand aurons-nous le plaisir de connaître, après un audit par un commissaire aux comptes certifié, les financeurs des grandes associations écologistes ?

S'il en est ainsi de la « précaution », que dire de la prévention consensuelle ?

7

La prévention et le dépistage peuvent-ils être la clé de l'amélioration de l'espérance de vie et de la maîtrise des dépenses de santé ?

« Une opinion erronée est un fait exact. »

Edgar FAURE.

Ce chapitre ne traite que de politique de prévention et donc de la seule action de la puissance publique. Il ne s'agit donc pas ici de commenter la manière qu'a chacun de conduire sa vie, de réguler son alimentation, de faire de l'exercice, de prendre ou de ne pas prendre de risque. Être en bonne, ou en mauvaise santé, dépend de la manière de concevoir son être, corps et esprit ; cette perception, et les nombreuses décisions journalières qui en découlent, sont fortement influencées par la famille, le milieu social, le système éducatif et l'air du temps. Pour l'essentiel, la santé d'une personne se joue là. La question abordée ici se limite au rôle de l'État et à ses manières de façonner, de corriger, y compris par l'interdiction, le comportement de ses citoyens : jusqu'où peut-il infléchir certains comportements jugés dangereux pour une personne ou la société ?

La prévention a depuis longtemps acquis à juste titre ses lettres de noblesse. La distribution d'eau potable, la construction d'égouts, la vaccination, la sécurité au travail, la sécurité incendie, l'instauration de normes strictes et contrôlées en matière de produits alimentaires et de biens de grande consommation, la sécurité routière... toutes ces politiques ont contribué et contribuent de manière spectaculaire à la croissance de l'espérance de vie. Mais l'on voit bien que ce terme de prévention regroupe des notions différentes. Il y a tout d'abord, nous venons de le voir, nos règles personnelles de conduite notre manière de voir la vie, notre « philosophie », qui définissent les limites que nous nous imposons, notamment en matière d'aliments et de toxiques, puis il y a le contrôle des choses pour le bien des hommes et enfin le contrôle des hommes par d'autres hommes, en principe « pour le bien » de tous. Pour prévenir, dans le premier cas on forme et l'on informe, dans les deux autres on contraint.

La légitimité d'une réglementation dans le domaine des biens et des bâtiments va sans dire, ce qui n'implique pas, là encore, que la protection doive être poussée à des limites ici, au détriment d'investissements plus efficaces là. J'estime en effet que l'on doit discuter le bien-fondé de l'évolution de la réglementation incendie ou des traces de plomb dans l'eau potable[1], non pas dans leur principe, mais dans leurs modalités : jusqu'où aller ? À quel coût ? Pour qui ? Ne pourrait-on pas faire mieux avec cet argent ? Les dérives dans ce domaine m'inquiètent, mais m'inquiètent moins que la volonté de contrôler le comportement de chacun. À l'exception de l'éducation en général, et de l'éducation pour la santé en particulier, prévenir est, j'insiste, toujours contraindre.

Tout d'abord, les hommes ne vivent pas que pour vivre plus longtemps, même si la majorité d'entre eux prennent goût à leur passage sur Terre ou tout au moins

---

1. On devrait aussi comme au Royaume-Uni évaluer l'efficacité de la police, mais ce sujet demeure tabou en France.

redoutent leur anéantissement, il n'y a pas que la mort dans la vie. Les idées portant sur la prévention, toujours positives, sont aussi répandues que fausses : la prévention serait en effet, et toujours sans réserve, souhaitable, efficace, économe... La prévention serait la solution à la maîtrise des dépenses de santé. Personne ne se demande pourquoi cette litanie a justement besoin d'être répétée, pourquoi des idées aussi communément admises pour, semble-t-il, leur justesse et leur efficacité, ne sont pas mises en œuvre ?

Il y a de bonnes raisons à cela, la raison essentielle, nous verrons qu'il y en a d'autres, est que la prévention est liberticide, elle consiste toujours à contrôler des comportements, ceux des autres de préférence, chacun souhaitant conserver pour lui-même la maîtrise absolue de ses actes, limitée, à la rigueur, par la peur du gendarme, de son conjoint ou de l'enfer. Bien entendu, une société est inimaginable sans contrainte, bien entendu cette contrainte est souvent aussi nécessaire que bénéfique, mais elle n'est possible qu'acceptée et comporte un coût, ne serait-ce que celui des forces de police qui, par leur action, limitent notamment les accidents de la route.

Comme souvent, le consensus apparent provient d'un flou conceptuel : tout le monde est d'accord parce que chacun a sa propre définition de la « prévention ». Il faut dire que les « experts » ne contribuent pas à la clarté.

À force de vouloir étendre le sens du mot « prévention » – vraisemblablement du fait de sa connotation positive – à tout ce qui touche à la santé et à la médecine, en inventant, une fois encore, un jargon bien à elle, l'Organisation mondiale de la santé (OMS) rend inintelligible la compréhension des enjeux de toute politique en la matière. L'OMS parle en effet de prévention « primaire » – la prévention au sens strict du terme qui s'attache à supprimer ou à réduire un facteur de risque –, de prévention « secondaire » – le dépistage –, et enfin de prévention « tertiaire », qui s'efforce de limiter les conséquences des complications après un traitement médical ou chirurgical. Tout, ou presque !

Revenons aux choses simples. Pour « prévenir » une maladie ou un accident, une ou plusieurs actions peuvent être entreprises. La plus évidente est, bien entendu, de ne pas s'exposer aux risques pathogènes. Ne pas fumer réduit de 90 % l'incidence des cancers du poumon, ne pas avoir de relations sexuelles évite la survenue de maladies sexuellement transmissibles, ne pas conduire, ne pas se baigner, ne pas escalader, ne pas s'envoler en parapente réduit à zéro la probabilité d'avoir un accident du fait de l'une ou l'autre de ces activités. On peut, par choix personnel, refuser de courir l'un ou l'autre de ces risques. Il est logiquement envisageable, mais politiquement discutable, que la société s'attache à ce qu'ils ne soient pas courus par ses membres. Ainsi, en Chine, durant la révolution culturelle, il était en principe proscrit d'avoir, pour les filles, des relations sexuelles avant 25 ans et pour les garçons avant 30[2] ! Cette mesure, imaginée d'abord pour limiter les naissances, était aussi un très efficace moyen de lutte contre les maladies vénériennes. Une telle interdiction serait, heureusement, à la plupart des époques et pour la grande majorité des pays, totalement illégitime, mais cet exemple extrême souligne de nouveau que la prévention est toujours liberticide, même dans ses formes les plus dissimulées. Je ne dis pas que prévenir ne soit pas souvent justifié, j'insiste, mais prévenir a toujours, de ce point de vue-là notamment, un coût politique. Toute prévention oriente, interdit, contraint, or tout ne peut pas être interdit au nom de la santé en dépit des efforts de certains.

---

2. Je doute que cet interdit ait été appliqué à la lettre.

Le plus souvent, étant dans l'incapacité politique de totalement interdire, le pouvoir va tenter, non pas de faire disparaître tel ou tel événement indésirable, mais d'en réduire la fréquence ou la gravité, qu'il s'agisse d'un accident lié à une activité professionnelle, un comportement, à l'usage d'une machine, d'un jouet ou d'un bâtiment. Là encore, les comportements vont être contraints et cette privation de liberté se traduira soit par une injonction immédiatement perceptible par le citoyen : ne pas conduire au-delà de 50 km/h sous peine d'amende, ne pas construire de piscine sans barrière de protection sous peine de poursuite..., soit elle sera dissimulée dans la conception même du produit, de l'outil, du moyen de transport ou du bâtiment par l'édiction et le respect de normes[3] imposées à ses inventeurs, constructeurs ou fabricants.

Le port de préservatif, la ceinture de sécurité, les systèmes ergonomiques des machines-outils ou des débroussailleuses arrêtant automatiquement l'engin si les deux mains n'y sont pas posées conjointement sur l'appareil ont le même objectif : réduire la probabilité d'un accident. Nos objets les plus usuels sont bourrés de mesures préventives et pas uniquement les automobiles. Par exemple, il n'est pas possible d'ouvrir une bouteille d'eau de javel sans une certaine force : il faut en effet appuyer le bouchon vers le bas tout en le tournant, ce qu'un jeune enfant ne saurait accomplir. C'est une norme, européenne, je crois, qui contraint pour la bonne cause l'industrie chimique et ses distributeurs. Il n'est plus possible de faire démarrer un scooter ou une moto sans avoir relevé la béquille...

On ne se limite donc plus à écrire sur l'étiquette que le

---

3. Par exemple les normes de sécurité incendie, certes souvent justifiées, contraignent les architectes et les entrepreneurs et, en ce sens, limitent leur liberté.

produit est dangereux, inflammable, ou toxique, car on s'est aperçu des limites de ces informations, même quand elles sont brutales, voire violentes. Dire que « les cigarettes tuent » n'en arrête pas la vente. La croissance du prix des cigarettes semble en revanche avoir plus d'effet sur la baisse de la consommation que cette information sans nuance. La prévention peut donc également revêtir une dimension économique qui vient s'ajouter aux dimensions bureaucratiques, techniques[4] ou éducatives.

La prévention va donc tenter le plus souvent, non pas de faire disparaître, mais de réduire la probabilité d'un accident lié à une activité, un comportement, à l'usage d'une machine, d'un jouet ou d'un bâtiment.

Le bienfait des contraintes : les choix individuels peuvent être collectivement néfastes

Dans certains cas, la contrainte est efficace et salutaire mais, et cela peut sembler contradictoire avec notre propos, nous allons voir que l'État semble accepter de plus en plus difficilement son rôle de garant du bien-être collectif.

Le débat sur la prévention des maladies infectieuses, la prévention immunitaire, est très ancien et ne se limite pas à la seule analyse du bénéfice de l'immunisation, il touche aussi à son éventuelle obligation : faut-il ou non contraindre les enfants, les adultes, les « personnes à risque » à se vacciner ? Déjà d'Alembert, en 1780, dans une communication à l'Académie des sciences, soulignait que l'inoculation de la petite vérole devait être encouragée car, estimait-il, « le risque de mourir de la petite

---

4. La forme technique de la prévention est le plus souvent le résultat d'une norme, même si l'innovation joue un rôle essentiel dans la conception des formes nouvelles d'objet, les fixations de ski en sont un exemple.

vérole est quarante fois plus grand que celui de mourir par l'inoculation ».

Depuis la généralisation de la vaccination, le virus de la variole ne sévit plus et n'existe aujourd'hui qu'en laboratoire. Sans réussir toujours à éradiquer le virus ou la bactérie, la vaccination obligatoire protège toute la population. Toutefois, dans un pays où (presque) tout le monde est vacciné, ceux qui ne le sont pas sont protégés par les autres et par ailleurs ne prennent aucun risque d'encourir un accident vaccinatoire peu fréquent certes, mais jamais impossible. Cette situation, bien connue des théoriciens des jeux, est celle où la somme des intérêts individuels est différente des intérêts collectifs[5]. Les mécanismes de libre choix sont alors inadaptés car la suite des choix individuels est collectivement néfaste. Il faut alors contraindre chacun, d'où l'obligation ancienne de vacciner les enfants et certaines populations à risque, notamment celle des soignants.

Mais en 1998, l'État recule. En quelques mots, de quoi s'agit-il ? Certains faits laissaient penser que la vaccination contre l'hépatite B, à certains âges, favorisait l'apparition ultérieure de la sclérose en plaques. Le lien de cause à effet n'était toutefois pas démontré et à supposer qu'il l'ait été, compte tenu des données épidémiologiques, le bénéfice de la vaccination demeurait cependant supérieur aux risques encourus, c'est la raison pour laquelle le Comité technique des vaccinations a donné, à l'époque, un avis favorable à la poursuite des campagnes. Rappelons que les hépatites B et C, avec 4 000 morts, tuent, en France, 5 fois plus que le sida.

Toutefois, le ministre écrit en octobre 1998 à tous les médecins. Selon ses propres termes, la probabilité des personnes vaccinées d'avoir une sclérose en plaques « n'est pas statistiquement significative. [...] Le rapport

---

5. C'est le jeu du prisonnier.

bénéfice/risque de la vaccination, qui vient d'être actualisé par le Réseau national de santé publique, reste très favorable à la vaccination. [...] J'ai, en revanche, suspendu provisoirement la campagne dans les collèges, parce que j'estime que ses modalités actuelles ne permettent pas toujours un dialogue approfondi entre le jeune et sa famille ». On voit là un exemple frappant de ce que Marcel Gauchet[6] analyse dans *La Démocratie contre elle-même* : on favorise les droits individuels (« le dialogue approfondi entre le jeune et sa famille ») aux dépens de la contrainte collective. Pour cette hépatite, la responsabilité de faire vacciner un enfant incombe depuis aux parents ; ils ont très vite cessé de prendre ce risque[7]. La société n'assume plus la gestion du risque collectif et abandonne chacun à la fatalité de son destin ! La « précaution » ne regarde plus que le risque individuel, pas le bénéfice collectif, même quand il est indéniable. Le raisonnement de d'Alembert n'est plus aujourd'hui accepté. L'État incite, mais laisse la décision aux individus, il en est ainsi du dépistage. Rappelons qu'il n'est pas un synonyme de prévention bien que ces deux termes soient souvent confondus.

Dépister plus tôt ne veut pas toujours dire mieux soigner, le corps humain n'est pas une machine

Le dépistage[8] ou « tamisage », traduction plus appropriée du terme anglais *screening*, consiste à identifier **dans une population qui ne présente aucun symptôme**

---

6. Marcel Gauchet, *La Démocratie contre elle-même*, Gallimard, « Tel », Paris, 2002.
7. On estime que le nombre de cancers du foie induits par cette non-vaccination augmenteront de l'ordre du millier dans trente ans.
8. La prévention secondaire au sens de l'OMS.

particulier une éventuelle anomalie pour ensuite tenter de limiter les conséquences fâcheuses de son évolution pathogène.

Le dépistage – je n'ai pas la prétention d'imposer le terme de tamisage, fût-il plus approprié – n'est pas le diagnostic précoce, ce dernier concerne les personnes qui, ressentant des symptômes, demandent un avis à leur médecin et celui-ci alors, par l'examen clinique et éventuellement avec l'aide d'examens complémentaires, décèle la présence d'une maladie. L'efficacité du diagnostic précoce ne se démontre plus. Ainsi Hélène Sancho-Garnier, dans son excellente analyse des résultats de la recherche dans ce domaine[9], remarque que les cancers du sein de premier stade – les cancers T1 N0 M0 – sont passés de 60 à 70 % des cas en 1992 contre 60 % en 1968, autrement dit on les dépiste plus tôt. Les femmes consultent donc plus souvent leur médecin et les tumeurs du sein sont soignées à un stade plus précoce qu'hier. Il faut s'en réjouir.

Mais revenons au dépistage systématique. **Faut-il toujours anticiper, rechercher une maladie qui ne s'est pas encore exprimée dans toute ou partie de la population ? La réponse donnée par la recherche mondiale surprendra car elle est plus souvent négative que positive.** Non donc, ces mesures sont rarement utiles et quand elles le sont, sauf pour une ou deux exceptions, cette utilité est limitée. L'efficacité du dépistage est, soulignons-le, une question empirique, pas une question morale. La réponse ne peut être que de même nature, à savoir : non pas l'objet de croyance mais le résultat d'étude.

Rappelons encore que le dépistage s'adresse par définition à des personnes qui ne ressentent aucun symptôme. Avant de lancer une campagne, d'informer la

---

9. Hélène Sancho-Garnier, « Quels cancers dépister ? », *Le Concours médical*, 23 mai 2006.

population et de s'assurer de sa participation à de telles campagnes, il faut bien entendu être certain qu'on ne va pas nuire, en s'efforçant de prévenir, tout en gâchant l'argent durement gagné du contribuable ou de l'assuré social. Autrement dit, pour prendre l'exemple des cancers, les conditions suivantes, conditions de simple logique, doivent être remplies pour justifier une telle campagne :

– les tests doivent bien « tamiser » c'est-à-dire détecter sans ambiguïté les cancers au stade préclinique et donc ne pas baptiser « cancer » une anomalie qui ne serait pas cancéreuse (c'est ce que l'on appelle des *faux-positifs*) et ne pas laisser passer trop souvent des cancers qui se développeraient chez les personnes dépistées (les *faux-négatifs*),

– les effets secondaires des tests ne doivent pas compenser l'éventuel bienfait de la découverte précoce de la maladie,

– les cancers au stade préclinique doivent, sinon toujours, du moins le plus souvent, évoluer vers des stades cliniques. Dans le cas contraire, en effet, des personnes seraient traitées – ce n'est jamais anodin – alors que leur tumeur détectée au stade préclinique n'aurait pas évolué et aurait même pu régresser,

– les traitements au stade préclinique doivent être plus efficaces qu'au stade « initial » de la maladie, sinon il suffirait d'attendre. Car, dans cette hypothèse, non seulement découvrir plus tôt la maladie ne servirait à rien, mais sa durée en serait prolongée, or les conséquences psychologiques de se savoir atteint d'un cancer ne sont jamais anodines.

Une fois ces conditions remplies, le public doit être informé, les professionnels formés et bien entendu tout cela ne vaut la peine d'être fait que si la population « cible » participe au programme. Ce dernier point nécessite une brève explication. En effet, supposons qu'on lance une campagne pour le dépistage systématique du cancer du sein chez les femmes de 50 à 69 ans ; si seules participent à cette campagne les femmes qui, par ailleurs, consultent un généraliste ou un gynécologue et, de ce fait, bénéficient de tests à la fréquence requise, cette campagne est inutile. La population « cible » – celle qui n'est pas régulièrement suivie – y échappe.

Dans quels cas donc de telles campagnes ont-elles une efficacité démontrée ?

Une bataille contre le cancer toujours à l'avantage de ce dernier

Avant d'analyser les éventuels bienfaits du dépistage systématique qui concerne pour l'essentiel la recherche de tumeurs cancéreuses cliniquement silencieuses, revenons à l'évolution de l'espérance de vie en France entre 1965 et 1999[10]. La croissance de l'espérance de vie pour les deux sexes est due, au premier chef, à la baisse des maladies de l'appareil circulatoire : elles contribuent à 2,86 années de gain d'espérance de vie pour les hommes et à 3,46 années pour les femmes. En revanche, la contribution des tumeurs à cette baisse de mortalité globale est nulle[11] pour les hommes et positive pour les femmes (+ 0,61 année), contribution sensible mais modeste.

Ces chiffres globaux sont la résultante de plusieurs facteurs :

– les contacts de la population avec des agents cancérogènes (tabac, alcool, conservateurs alimentaires...) a évolué – en hausse ou en baisse – au cours de la période,

– les progrès thérapeutiques ont permis de traiter des types de cancer qui jusque-là étaient rebelles à tout traitement,

---

10. Voir Annexe 15.
11. De fait, très légèrement négative : – 0,01 année.

– les campagnes de dépistage ont été, dans certains cas, efficaces.

Selon les types de cancer, l'un ou l'autre de ces facteurs va avoir un effet prépondérant, sachant qu'ils ne sont pas mutuellement exclusifs. Ainsi, la baisse de près de moitié des cancers de l'estomac accompagne, en un demi-siècle, l'installation des réfrigérateurs dans les foyers français. Le cancer du testicule, la maladie de Hodgkin, les cancers de l'enfant sont aujourd'hui bien soignés, et cette baisse de la mortalité s'explique par les progrès de la médecine. Enfin, le frottis de Papanicolaou permet de dépister, à un stade précoce, ce qui deviendrait un cancer du col de l'utérus et autorise à traiter de manière efficace cette lésion. Si donc, on note d'incontestables progrès thérapeutiques en cancérologie, si sur cette période il y a eu une baisse sensible de la consommation de tabac et d'alcool, si certains tests de dépistage sont efficaces, la somme de tous ces facteurs positifs est sensible mais modeste, nous venons de le constater, notamment, l'effet global des dépistages n'a pas eu l'impact que l'on pouvait espérer. Pourquoi ?

Dans certains cas, le bienfait du dépistage paraît évident

Toujours selon Hélène Sancho-Garnier[12], en France, un effet bénéfique de ces campagnes a été démontré pour les cancers du sein, de l'utérus et les cancers colorectaux. Pour le cancer du sein, seule la campagne qui cible les femmes de 50 à 69 ans[13] et recommande une

---

12. Hélène Sancho-Garnier, art. cit.
13. Ce n'est pas le cas des femmes de 40 à 49 ans car, outre le risque d'irradiation dû aux tests, un trop grand nombre de cancers détectés sont non évolutifs.

mammographie tous les deux ans est justifiée, ce n'est donc pas le cas pour les femmes plus jeunes[14]. En revanche : « Il n'y a toujours pas de preuve montrant qu'un dépistage des cancers de la prostate, des mélanomes cutanés et des cancers des voies aérodigestives supérieures réduit leur mortalité. [...] L'opportunité du dépistage du cancer de la prostate par le dosage du PSA sérique total a fait l'objet de différentes évaluations d'où il ressort que le dépistage par ce test (ou par un autre) n'est pas recommandé actuellement. » Il l'est en revanche par le collège des urologues. Le dépistage individuel s'est donc largement répandu en France, pourtant, avec tout le sérieux qui s'attache à un tel sujet, l'Agence nationale compétente, l'ANAES, devenue la Haute Autorité de Santé (HAS), confirme l'absence de démonstration des bienfaits éventuels d'une telle pratique. Pour cela elle a consulté pas moins de quatorze sociétés savantes et les cinquante-trois experts du comité d'organisation, du groupe de travail et du comité de lecture passent au crible les meilleures et les plus récentes recherches mondiales[15]. « Il n'a pas été démontré à ce jour que la mise en œuvre d'un dépistage systématique du cancer de la prostate par le dosage du PSA[16] sérique total soit associé à un bénéfice significatif en termes de la réduction de la mortalité globale... En termes de dépistage individuel [...], [les études] ne permettent pas de conclure à une différence significative en faveur du dépistage pour ce qui est de la mortalité par cancer de la prostate. » Ceci ne fait que confirmer des travaux antérieurs tant en France qu'en Europe[17]. « En

---

14. Sauf celles qui ont en toute vraisemblance un autre facteur favorisant et notamment un facteur génétique.
15. « Éléments d'information des hommes envisageant la réalisation d'un dépistage individuel du cancer de la prostate », ANAES, septembre 2004.
16. PSA est l'abréviation de la traduction en anglais de « Antigène spécifique de prostate ».
17. Rappelons, une fois encore, qu'il s'agit uniquement de dépistage systématique, c'est-à-dire du test seul, et pas de suivi par un clinicien.

proposant ce dépistage (aux hommes de plus de 50 ans), l'Association française d'urologie prend donc le risque d'inquiéter inutilement les patients, de culpabiliser inutilement les médecins généralistes, de provoquer inutilement chez nombre de patients des examens médicaux et des traitements médicamenteux, radiothérapiques et chirurgicaux aux conséquences parfois invalidantes, voire de gêner l'accès à ces traitements de patients qui en auraient réellement besoin.

« Le Formindep[18] s'interroge sur les motivations réelles et les conflits d'intérêts d'organismes promouvant des actions de santé publique ne reposant pas sur des bases scientifiques solides. » Ces travaux sont encore récemment confirmés par la grande presse américaine. « Pour les cancers de la prostate "agressifs", il y a peu d'évidence qu'une détection précoce fasse une différence suffisante pour que le traitement puisse vous sauver la vie[19]. » Aux États-Unis, toutefois, il n'est pas conseillé d'attendre. En effet, une personne sciemment non détectée a poursuivi son médecin quand s'est déclaré un cancer de la prostate chez elle. Si les tribunaux n'ont pas condamné le médecin, en revanche ses formateurs, ceux qui l'ont incité à ne pas prescrire ce test inutile, ont dû verser au patient une indemnité de 1 million de dollars ! Croyances, avocats et industries font bon ménage.

Pour ce qui est du cancer du poumon, « de nombreuses études ont montré que le dépistage radiologique ou cytologique des cancers du poumon n'apportait aucune réduction de la mortalité... Il en est de même pour le scanner spiralé à faible dose qui accroît les diagnostics en surnombre sans influencer le taux de morta-

---

18. Formindep, site Internet : *http ://www.formindep.org*, pour une formation médicale indépendante au service des seuls professionnels de santé et des patients.
19. Christine Gorman, « Are Doctors Just Playing Hunches ? », *Time*, February 26th, 2007.

lité. » Des études récentes[20] sembleraient démentir ce scepticisme. Une recherche menée à l'Université Cornell par l'équipe du docteur Henschke montre en effet que la détection par scanner hélicoïdal d'un cancer du poumon chez 31 657 patients asymptomatiques a permis de diagnostiquer 484 tumeurs. « Parmi les 302 patients ayant un cancer de stade 1 qui eurent une opération dans le mois qui a suivi le diagnostic, le taux de survie à 10 ans était de 92 %. Les 8 participants avec un cancer de stade 1 qui n'ont pas reçu de traitement sont morts dans les 5 ans après le diagnostic. » Cette étude constitue une présomption de l'efficacité de ce dépistage mais en aucune façon une preuve du fait du faible nombre de ceux qui n'ont pas suivi de traitement et, surtout, parce que l'affectation aux groupes traités ou non traités n'était pas aléatoire. Par ailleurs, comme l'indique Jean-Yves Nau[21] : « Les spécialistes de cancérologie ont toujours douté de l'efficacité, en pratique, d'un dépistage systématique par examen radiologique de ce type de lésion, à la différence des cancers du sein et de la mammographie. » Attendons donc.

Décevant ! Même quand l'effet est positif et la campagne humainement et médicalement souhaitable, ce qui est le cas du dépistage des cancers du sein chez les femmes de 50 à 69 ans l'effet, nous allons le voir, est réel mais mince.

Chaque année, un cancer du sein est diagnostiqué chez 42 000 Françaises et 12 000 de ces femmes meurent des suites de cette maladie. Si ces tests décèlent de nombreuses anomalies (7,6 % à la première campagne, 5 % à la seconde), ces « anomalies » ne sont pas toutes cancéreuses et le taux de cancers détectés est heureusement

---

20. Claudia Henschke, M.D. *et al.*, « Survival of Patients with Stage 1 Lung Cancer Detected on CT Screening », *The New England Journal of Medicine*, October 26th, 2006, vol. 355, pp. 1763-1771.

21. Jean-Yves Nau, « Le scanner permettrait un dépistage précoce du cancer broncho-pulmonaire », *Le Monde*, mardi 31 octobre 2006.

plus bas : de 0,56 %, soit 5,6 pour mille femmes (une femme sur 179). Grâce à cette découverte précoce la réduction de mortalité se situe, nous l'avons vu, entre 4 et 11 %. Si donc l'on prend pour taux de cancer détecté le chiffre de 5,6 pour mille et pour réduction de mortalité la fourchette haute de 11 %, cette campagne réduit la mortalité de 1 personne sur 1 627, cela paraît peu mais, comme il y a 6,9 millions de femmes dans cette classe d'âge, cela concerne 4 240 personnes, c'est beaucoup ! C'est merveilleux pour ces personnes et je me réjouis d'être dans une société où ceci est possible. Force est cependant de constater que la très grande majorité des cancers du sein détectés précocement ne sont pas pour autant mieux soignés. Les bénéfices faibles, mais réels, de ce tamisage à 1 pour 1 627 ne tiennent cependant pas compte des problèmes psychologiques. Or des études soulignent que dans 10 % des cas (donc cette fois 1 femme sur 10), ces femmes auront de sérieux problèmes psychologiques[22] du fait du seul dépistage.

Le bénéfice du dépistage est heureusement, pour quelques rares localisations du cancer, plus tangible, et notamment le dépistage du cancer du col de l'utérus permet de prévenir 90 % des cancers. C'est malheureusement plus l'exception que la règle. Nous allons voir en effet que la recherche mondiale ne vient pas conforter l'enthousiasme des avocats des grandes campagnes de dépistage.

Quoique !

L'ouvrage récent de H. Gilbert Welch[23] documente un point de vue proche de celui d'Hélène Sancho-Garnier,

---

22. Gotzsche PC, « Screening for breast cancer with mammography », *Lancet* 2001 ; 358 : 2167-2168 [MEDLINE].
23. H. Gilbert Welch, *Dois-je me faire tester pour le cancer ? Peut-être pas et voici pourquoi,* traduit de l'anglais par le Dr Fernand Turcotte, Presses universitaires de Laval, 2005.

qu'il développe à partir des résultats de l'ensemble de la recherche médicale anglo-saxonne. La première étape de sa revue de la littérature sur l'efficacité des campagnes de dépistage systématique n'apporte pas de nouveautés majeures par rapport à ceux que nous venons d'exposer : elle tempère à son tour le bénéfice systématique des campagnes de dépistage. « Il y a, dit-il, trois cancers dont le dépistage a été évalué dans un essai randomisé : le cancer du poumon, le cancer du sein et le cancer colorectal... Deux dépistages fonctionnent imparfaitement. Aucun ne prévient même la moitié des décès attribués à ces cancers. » Mais le dépistage à l'effet certes limité semble clairement bénéfique pour le sein et le côlon[24].

Toutefois, et j'avoue avoir été surpris par ces résultats, quand ces études ne se limitent pas à l'observation de la mortalité par cancer mais considèrent la mortalité toutes causes confondues, les résultats sont différents, notamment pour les personnes ayant bénéficié du test de sang dans les selles[25].

En effet, si pour les personnes ayant eu un dépistage du cancer du sein par mammographie, la mortalité générale baisse, en revanche ce n'est pas le cas pour le dépistage du cancer du côlon. Les bénéfices de ce dépistage semblent être compensés par un taux plus élevé d'autres causes de décès si bien que, selon cette source, l'effet global est nul. Est-ce la conséquence de l'examen du côlon qui induit des complications d'une autre nature (infection, maladie cardiaque) et annule le bénéfice, par ailleurs tangible, de ce dépistage systématique ? Personne ne peut l'affirmer ni prétendre que le résultat de ce genre d'étude se retrouverait en France, si jamais de telles recherches étaient financées.

Il est clair cependant qu'il faut mesurer l'évolution de

---

24. Tableaux des Annexes 16 et 17.
25. Annexe 19.

la mortalité due aux progrès thérapeutiques, comme l'évolution de cette même mortalité due aux tests et aux traitements plus ou moins innovants qu'ils induisent. Dans ce domaine, si la recherche clinique française est d'excellente qualité, nous le prétendons, il n'en est pas de même de sa recherche en santé publique. Il semble nécessaire d'attendre des études françaises avant d'affirmer : « Oui, il y a maintenant une évidence claire de son utilité [le dépistage par Hémoccult] et ce au moins depuis 1996. [...] La société française de gastro-entérologie, il y a trois ans, estimait que ce dépistage généralisé était la garantie de 3 000 décès en moins par an[26]. » Oui, semble-t-il, si on s'en tient aux résultats des études étrangères de la mortalité par cancer colorectal, ces chiffres sont en effet compatibles avec ceux que nous avons présentés ; non, si l'on s'intéresse à la mortalité générale de ces mêmes patients.

À la remorque des Anglo-Saxons

Quoi qu'il en soit, la France, sur la base d'études étrangères, lance une campagne en 2002. Cette campagne est onéreuse, difficile à mettre en place, prend du retard, mobilise de l'argent public et la bonne volonté d'hommes de talent qui apportent leur soutien en se référant à des études étrangères. Les évaluations tardent et, à juste titre, dans le même entretien, Jean-Pierre Bader rappelle que pour faire de la recherche « ... des conventions sont nécessaires avec la DGS (Direction générale de la santé) et avec la CNAMTS (Caisse nationale d'assurance maladie des travailleurs salariés), depuis longtemps frileuse sur le sujet, puisqu'elle avait de son propre chef

---

26. Jean-Pierre Bader, « En finir avec le retard français », *Le Généraliste*, vendredi 16 juin, n° 2376.

arrêté les premières expérimentations en 1996, l'année même des publications internationales majeures (*The Lancet*) concluant au bénéfice de l'Hémoccult ».

Je n'arrive pas à m'expliquer le fait, une fois encore constaté ici, que l'assurance maladie rembourse pour des milliards d'euros des examens à l'utilité imprécise, sinon douteuse, et ne finance pas la recherche permettant de les évaluer, comme le ferait toute entreprise. Cela ne coûterait qu'un très faible pourcentage des sommes investies, à peine quelques millions d'euros. Est-ce parce qu'une mentalité paysanne demeure enracinée en France que les études, biens intangibles et donc suspectes, sont considérées comme étant trop onéreuses ? Est-ce parce que notre élite n'a, dans ce secteur, que rarement une formation scientifique ? Est-ce parce que la majorité de nos médecins sont réticents, en pratique, à toute évaluation ? Est-ce parce que les intérêts en jeu sont considérables[27] ? Je ne sais. Il a fallu à plusieurs reprises se battre pour constituer une expertise économique et démographique minimale dans le domaine de la santé. La recherche médicale appliquée est pour l'essentiel (plus de 95 %) aux mains de l'industrie pharmaceutique. Bien entendu elle ne finance pas de recherches dans les domaines où elle n'est pas concernée et, *a fortiori*, celles qui pourraient nuire à son intérêt. Faute d'études, les politiques françaises se construisent après des débats de chapelle qui assènent des arguments d'autorité plus souvent qu'elles n'interprètent des résultats d'études bien conduites.

Or, les résultats des recherches anglo-saxonnes ne sont pas systématiquement pertinents : la transposition en

---

27. Il ne faut jamais oublier la première « loi » de l'économie de la santé, tautologie, loi pour rire, mais rappel toujours approprié des réalités sonnantes et trébuchantes : un euro de débours de l'assurance maladie, un euro de cotisation donc, est aussi un euro de recette d'un acteur du système de santé.

France des recherches américaines portant sur le traitement hormonal substitutif de la ménopause l'a récemment montré. Les médecins des États-Unis ne prescri-
vent pas, dans ce domaine, comme leurs confrères
français et quand ils le font : « [Il n'y a pas] d'augmentation du risque de ce cancer chez les femmes sous œstro-
gènes seuls depuis sept ans[28]. » Il était donc totalement
injustifié d'interrompre la prescription d'hormones sub-
stitutives aux femmes qui souhaitaient, en France, ne pas
souffrir des effets de la ménopause au vue d'une étude
américaine prétendant que ce type de traitement accroissait le taux de certains cancers dans la population traitée.
Les traitements ne sont pas les mêmes des deux côtés
de l'Atlantique, l'âge moyen de la population concernée
étant sensiblement différent : entre 50 et 65 ans en
France alors que l'échantillon de l'étude américaine était
construit avec des femmes d'âge moyen de 63 ans[29].

Mais revenons à l'ouvrage de Welch. Il montre que les
conditions nécessaires à l'efficacité d'une campagne de
dépistage sont rarement remplies, notamment dans le
domaine du cancer, et ceci pour plusieurs raisons. Ces
conditions sont de simple logique :
– Le traitement précoce doit être plus efficace qu'un
traitement plus tardif,
– le traitement précoce doit éviter les complications
qui surviendraient s'il avait été retardé,
– le patient doit être rassuré si son test est négatif et si,
par malheur, il est positif, l'annonce de la présence d'un
cancer ne doit pas avoir d'effet morbide grave,
– les traitements de ces cancers précoces ne doivent
pas être, pour certains patients, maléfiques.

28. Anne de Kervasdoué et David Elia, « Ménopause blues », *Libération*,
mardi 27 avril 2004.
29. Dont plus d'une femme sur cinq entre 70 et 79 ans !

C'est ainsi qu'en résumé, pour analyser le bienfait du dépistage, Welch propose la formule suivante :

Années de vie sauvées par un traitement précoce
+ Morbidité évitée par le traitement précoce
+ Inquiétude découlant de la peur des cancers qu'on ne connaît pas
+ Anxiété découlant de la « panique au cancer »
+ Morbidité découlant des traitements non nécessaires
+ Années de vie perdues à cause des traitements non nécessaires
= Résultat net du dépistage

Rappelons de surcroît que le dépistage est loin d'être une science exacte : les hommes font des erreurs et les machines sont imprécises ; **or, par précaution, les radiologues, comme les anatomopathologistes, signalent aujourd'hui tout signe suspect.** Le patient se lance alors dans d'autres tests, pas toujours anodins, souvent inquiétants, toujours onéreux, et qui, par ailleurs, détournent le médecin, obnubilé par ces tests, de l'écoute du patient et de la poursuite de son examen clinique approfondi.

Si bien que, pour en revenir au cancer du sein, résumant les grandes études internationales, études où les femmes étaient affectées au hasard dans un groupe de contrôle, Welch indique que les campagnes de dépistage du cancer du sein sont bénéfiques parce qu'elles permettent aux femmes qui n'ont pas de suivi régulier d'avoir une sorte de deuxième chance grâce à l'efficacité de la mammographie. Toutefois, elles ne rajoutent rien, semble-t-il, à un examen clinique conduit avec compétence. Autrement dit, le dépistage généralisé n'apporte rien par rapport au dépistage « opportuniste », celui réalisé par le clinicien dans son cabinet, à condition, bien entendu, qu'il ait lieu[30].

---

30. Voir tableau de l'Annexe 19.

Pour conclure, nous reprendrons une citation de Baum *et al.* : « Ni la chirurgie radicale, ni la chirurgie induite par un dépistage précoce ne sont sans danger. Le raisonnement linéaire a fait plus de mal que de bien, ceci parce que l'interaction entre l'hôte, le cancer et la chirurgie n'est pas linéaire[31]. »

Si ces résultats sont exacts, et nous n'avons *a priori* aucune raison d'en douter, ils montrent que la politique française en la matière se fourvoie : **c'est le clinicien qu'il faut valoriser et non pas le radiologue ou le biologiste.** Or, en 2004, le revenu imposable des cliniciens (autour de 60 000 euros) est trois fois moindre que celui des radiologues (190 000 euros) et celui des chirurgiens est de moitié (100 000 euros)[32].

Bien entendu de nombreux facteurs poussent à ce que ce scepticisme scientifique soit ignoré parce que le dépistage est une protection juridique du praticien, parce que les patients y croient, parce que de nombreux intérêts financiers sont en jeu, parce que le risque de l'inaction est psychologiquement plus insupportable que le risque associé au traitement : « J'aurai tout essayé », même quand ces traitements ne sont pas anodins[33]. Mais, malgré tout, il n'est pas nécessaire de regarder le monde avec leurs lorgnettes.

La prévention réduit-elle les dépenses de santé ?

Le plus souvent, non, il existe cependant quelques exceptions.

---

31. Michael Baum *et al.*, « Does surgery unfavourably perturb the "natural history" of early breast cancer by accelerating the appearance of distant metastases ? », *European Journal of Cancer*, vol. 41, mars 2005, pp. 508-515.
32. *Études et résultats*, « Les revenus libéraux des médecins en 2003 et 2004 », DREES, n° 457, janvier 2006.
33. Selon le type de chirurgie pratiquée, la mortalité postopératoire pour le cancer du poumon est au moins égale à 5 %.

Pourtant, tout programme de parti politique, tout discours syndical ou patronal, toute assemblée mutualiste traitant de la santé déclarent qu'une politique de prévention bien menée diminuerait les dépenses de soins. L'impact d'une politique de prévention efficace[34] pour la santé est parfois économe, il en est ainsi de la vaccination des enfants ou de toute mesure qui favorise l'arrêt du tabac chez les femmes enceintes, mais cela n'a rien de systématique.

Pourquoi cette croyance est-elle si largement répandue ? La raison en est simple : seules les dépenses immédiates qui précèdent le décès sont considérées, il y est rarement fait l'hypothèse, malheureusement toujours vérifiée, que si la personne ne mourait pas des suites du tabac ou de l'alcool, elle mourrait plus tard d'autre chose. Certes, avant de mourir d'un accident ou d'avoir trop bu, ou trop fumé, les personnes concernées sont prises en charge par le système de soins : urgences, services d'orthopédie ou de neurochirurgie, service « d'hygiène alimentaire[35] », hôpital psychiatrique, service de pneumologie ou de cancérologie... Ces soins sont très onéreux. Si cet accident ou cet usage immodéré des substances addictives socialement tolérées (tabac, alcool) n'avaient pas eu lieu, ces dépenses n'auraient pas été engagées et l'assurance maladie aurait réalisé des économies. Jusqu'ici, donc, le raisonnement est exact, le problème vient de ce qu'il ne peut pas s'arrêter là. En effet, ces personnes dont la vie se prolonge grâce à la prévention ne sont pas pour autant immortelles ! Si elles ne sont pas mortes de cet accident ou de maladies induites par le tabac ou l'alcool, elles mourront un jour, plus tard,

---

34. Les arguments développés dans ces paragraphes font l'hypothèse que les politiques de prévention étudiées sont efficaces. Bien entendu, l'argent investi dans des mesures sans effet est toujours de l'argent gaspillé.
35. Euphémisme pour parler d'alcoologie.

d'autre chose. En attendant, elles continuent de vivre, ce qui veut dire qu'elles sont parfois malades, qu'elles sont alors soignées et que, vraisemblablement, elles seront atteintes plus tard d'une maladie du grand âge, ce qui ne sera pas sans conséquence financière pour la collectivité. La question des effets bénéfiques ou non de la prévention est le résultat du calcul des dépenses de soins pendant toute une vie, pas d'un jugement moral ou d'une croyance.

Pour savoir si une campagne de prévention est économiquement efficace, il convient donc de comparer d'une part les dépenses de soins de ceux qui ne bénéficient pas de la prévention durant leur vie – par essence plus brève –, et la dépense de soins de ceux qui – bénéficiant de la prévention – vivront plus longtemps et continueront d'engager jusqu'à leur mort des dépenses de soins. Puis, en toute logique, il faut ajouter à cette dernière somme le coût de la campagne de prévention.

De ces calculs[36], on retire que les alcooliques, bien que leur vie soit plus brève, coûtent plus cher à l'assurance maladie que la moyenne des Français ; quant aux tabagiques, leur vie – également plus courte – induit moins de dépenses. Fumer tue, mais limite aussi les dépenses d'assurance maladie[37]. De cela on n'en conclut... pas grand-chose. Personne n'envisage une seconde de recommander de fumer pour contribuer à réduire le déficit de la Sécurité sociale, en revanche **j'espère que l'on entendra moins souvent que la prévention est la solution à la réduction des déficits de l'assurance maladie,** ce n'est systématiquement le cas que si, et seulement si, ceux qui ne sont ni alcooliques, ni tabagiques, ni enclins à prendre des risques divers, sont immortels. Pour les autres, il est prudent de faire des calculs qui, heureusement, influen-

---

36. Ils ne tiennent compte que des dépenses de soins, pas des retraites.
37. Et de retraite, mais ce n'est pas le sujet ici.

cent peu les politiques de santé, car la dimension économique entre rarement dans ce type de décision, dans certains cas, toutefois, elle le devrait. La prévention efficace se justifie d'abord pour des raisons éthiques et politiques : il est bon de réduire les accidents du travail ou ceux de la voie publique, de limiter les accidents domestiques, de vacciner les enfants, de... Toutefois faut-il le faire à n'importe quel prix ? L'application du principe de précaution le laisse penser, elle sera, là aussi, prise en défaut.

L'argent public est notre argent durement gagné. À moins de collecter plus d'impôts ou de creuser encore les déficits publics, l'argent dépensé ici n'est pas dépensé là. Pour l'être qui nous est le plus cher, sommes-nous disposés à dépenser 1 million d'euros pour qu'il vive une seconde, une minute, un jour, un mois de plus ? Chacun répondra en son for intérieur.

Collectivement, la question est semblable, même si nous avons la fausse impression qu'il s'agit de l'argent des autres, de celui d'un quelconque État abstrait qui disposerait d'un trésor caché. Notre « Trésor » n'a que des déficits à gérer. Collectivement, à 1 milliard d'euros par vie sauvée, toute la richesse annuelle de la France, sa production intérieure brute, ne permettrait de sauver chaque année qu'un peu moins de 200 vies. La générosité trouve toujours les limites du portefeuille et de l'économie du pays.

L'efficacité des mesures préventives doit aussi être évaluée comme toute thérapeutique, avec les mêmes méthodes.

8

Aux sources de l'obscurantisme contemporain

> « Ce qui tombe sous le sens
> rebondit ailleurs. »
>
> Jacques PRÉVERT.

Une information manichéenne

Des tombereaux d'images, de commentaires, de textes submergent chaque jour la personne la moins avide d'informations. Écrivant ces pages, je me suis demandé pourquoi notre époque de l'information n'était pas toujours celle de l'intelligence. Les raisons sont multiples, la première tient à la nature même de ce que l'on appelle « information ». Il s'agit en effet le plus souvent de messages et de messages connotés. Message plus qu'information donc car les phrases ou les images sont hachurées en périodes de trente secondes ; de plus ces messages ne se contentent pas d'être succincts, mais disent, presque toujours, ce qu'il faut penser, soit par le contenu même du message, soit par le ton utilisé à la radio, la mine à la télévision, soit enfin par la conjonction choisie. L'essentiel glisse, et si quelques bribes trouvent une place dans nos esprits c'est qu'elles sont chargées d'émotion. Tout est connoté, qu'il s'agisse de produits, de personnes, d'organisations ou de pays. Sont « bons » pour la santé, les produits « naturels », les « bios », les « pas chimiques » ; sont « bons » pour la société, les hommes et les femmes qui valorisent la tradition, montrent la nature quand elle n'était pas désespérément polluée par les méchants : les industriels de la chimie, ceux de la malbouffe, de la génétique ou de l'énergie... Les « bons » sont ceux qui font croire que l'on pourrait, sans restriction majeure, sans conflit, par « un comportement citoyen », sinon revenir en arrière, tout au moins arrêter une évolution pas encore dangereuse mais déjà très inquiétante[1]. L'argent ennuie, les ordres de grandeur sont ignorés et les « nouvelles » dégoulinent.

Un exemple parmi mille autres : le 2 avril 2007, à 8 h 10 sur Europe 1, une journaliste fait part de la tenue à Paris du GIEC (Groupe d'experts intergouvernemental sur l'évolution du climat) et nous informe que ces experts « annoncent froidement [*sic*] une augmentation de 2 °C de la température moyenne de la planète », l'animateur remarque alors que cette prévision serait « presque cynique » ! Pessimiste, optimiste, discutable, fausse, sujette à caution, j'aurais compris, mais « cynique » ?

Que tout cela est simpliste, contradictoire, léger, inutile, faux, partiel... Certes, je partage la nostalgie d'une nature sauvage et certains des combats, en matière d'alimentation notamment, mais la raison est absente de cette vue émotionnelle, douceureuse et sans perspective. Les contradictions sont flagrantes : les bienfaits réels et recherchés de la société de consommation sont ignorés. Pour certains des sujets évoqués dans cet ouvrage, notamment le réchauffement de la planète, il est assez facile d'expliquer que rien ne changera tant que le prix de l'énergie productrice de CO_2 restera bas. On conti-

---

1. La liste des personnes les plus populaires de France est très illustrative de cette tendance.

nuera de regarder les émissions écologiques et de craindre le réchauffement de la planète ou les regrettables transformations de l'environnement dans une ambiance chauffée ou rafraîchie selon la saison. Aucun lien ne se fera entre nos regrets et notre comportement. Les plus conscients se diront, une fois encore, que l'exportation d'un grain de sable passe inaperçue au Sahara et que tout peut continuer, en ce qui les concerne, comme avant. Il est déjà difficile d'arrêter de fumer quand sa propre santé est en jeu, on imagine la quasi-impossibilité de convaincre les Occidentaux de vivre dans le froid, ou la chaleur, afin que l'eau ne remonte pas de quelques centimètres au milieu de l'océan Indien, à moins, mais c'est une autre histoire, qu'ils ne soient douloureusement touchés au portefeuille. Les efforts significatifs demandés pour limiter les émissions de gaz carbonique ne recevraient aujourd'hui en France, une majorité d'opinion favorable que s'ils étaient imposés... aux Indiens ou aux Chinois.

Je suis en outre frappé par le fait que, tout au moins dans le domaine de la santé, la classe politique, les membres des cabinets ministériels, la haute fonction publique ne lit que la presse et jamais de journaux scientifiques ou des essais, sauf dans les cas rares où ceux-ci ont une répercussion médiatique. Cent pour cent de la recherche sont ignorés[2] d'autant plus que la grande presse française ne traite quasiment plus, contrairement à la presse anglo-saxonne, de questions scientifiques[3]. La machine s'emballe d'opinions en rumeurs, d'images en communiqués, de repentance en limogeage, les croyances perdurent et la réalité des questions posées par la moder-

---

2. Ils ne lisent pas plus les publications françaises qu'étrangères.
3. Prenez, sur un an, *Time Magazine, Newsweek, The Economist, The Times, The Guardian* et comparez-les à leur équivalent français. La comparaison est terrible, à l'exception de numéros trop rares du *Monde* et du *Figaro*.

nité s'estompe. On pourrait être au moins certain d'une chose : l'avenir n'est pas dans le passé.

Internet supprime la question matérielle de l'accès à l'information : chacun peut apprendre, s'il le souhaite, sans subir sinon la publicité du moins la loi de l'audience. Toutefois, si l'on échappe à cette emprise grâce à Internet, ce pourrait être pour tomber dans un travers plus dangereux encore. On peut craindre en effet que chacun ira consulter les seuls sites qui renforcent ses opinions. Il n'y aura donc plus de confrontation ; les sectes, les communautés auront un bel avenir. Une idée même farfelue ne sera pas remise en cause, les sites étant la propriété de l'émetteur et non pas du lecteur. Cette situation favorise la propagation de la théorie du complot. Un dernier avatar en est par exemple la publication d'un libellé sur la puissance occulte du « lobby des pesticides », branche de « la chimie, totalement aux mains des multinationales, [qui] a déclaré la guerre à la vie sur terre[4] ». Ce journaliste[5] rassemble dans ses écrits faits réels et allégations douteuses et, pour illustrer sa thèse logiquement irréfutable, il prend toute négation de son complot pour la preuve même de son existence. Ainsi, sur Internet, de site en site, on ne trouve qu'éloge de cet ouvrage qui ne « se lit que d'une traite » ; oui, comme le *Da Vinci Code*, et pour les mêmes raisons.

En attendant, la seule réalité qui compte est la réalité médiatique, c'est aussi donc la seule considérée.

---

4. Fabrice Nicolino, *Pesticides, révélations sur un scandale français*, Fayard, Paris, 2007.
   5. N'est-il pas, d'abord, un militant de l'écologie radicale ?

Une manière de voir le monde
à la fois simple et abstraite

Le manichéisme n'est pas la seule caractéristique de la pensée contemporaine ; d'égale importance est sa simplicité. Au mieux, elle utilise un « modèle » mécaniste : tout effet aurait une cause et toute cause un effet. Cette simplicité d'apparence ne prend en compte qu'une étape du raisonnement, la plus immédiate, celle qui tombe sous le sens. Elle méprise, par ailleurs, toute vérification empirique, comme s'il s'agissait d'un devoir subalterne : le raisonnement est tellement « évident ». Quand est publiée une étude dans un domaine de sa « compétence », la presse recueille l'opinion de M. Bové[6] plutôt que d'analyser le sérieux de la recherche publiée. Non seulement c'est plus simple, mais cela donne une image et justifie, une fois encore, l'idée selon laquelle tout est affaire d'opinion. La plupart de ces « évidences » sont soit infondées, soit au mieux méritent d'être qualifiées. Prenons quelques exemples.

Si l'on est partisan de la nourriture « biologique » on peut penser[7] non seulement améliorer sa santé, en s'en portant acquéreur, mais aussi contribuer au développement durable. Les produits « biologiques » utilisent moins d'engrais, moins de pesticides et de surcroît limitent la pollution des rivières. Certes, cela est exact quand on raisonne à l'hectare cultivé, mais l'agriculture biolo-

---

6. M. Bové a installé chez lui des toilettes « sèches ». Il ne se sert pas d'eau mais de sciure de bois et fabrique ainsi un compost qu'il recycle. C'est un choix qui, dans son cas, semble justifié. Mais imagine-t-on le nombre d'arbres qu'il faudrait abattre si, chaque fois qu'un Français allait aux toilettes, la sciure de bois remplaçait l'eau ? A-t-on calculé le nombre de camions qui sillonneraient nos villes pour évacuer le compost ainsi produit ? Où serait-il épandu ? Et, par bienséance, je ne dis rien de l'odeur.
7. Il s'agit d'une croyance, à ce stade empiriquement non vérifiée. Il n'a pas été possible de démontrer que la nourriture « bio » était, toute chose égale par ailleurs, meilleure pour la santé.

gique requiert de laisser les sols en jachère, si bien que le tout-biologique du fait de son moindre rendement serait strictement incapable de nourrir l'humanité même si l'on accroissait la surface cultivée de la Terre au point de faire disparaître toute la forêt équatoriale. Cela même ne suffirait pas pour nourrir les hommes et, de plus, cette déforestation accélérerait l'effet de serre par augmentation encore plus rapide des brûlis.

Pour la même production de céréales, l'agriculture biologique nécessite, en effet, de 2 à 3 fois plus de surfaces et consomme plus d'énergie par tonne d'alimentation produite. Si depuis un demi-siècle l'humanité en forte croissance a été nourrie alors que le nombre de paysans s'effondrait[8], c'est que la production de céréales a été multipliée par 3 alors que les surfaces cultivées n'augmentaient que de 10 %. Ceci a été possible grâce à la génétique (sélection des semences), aux engrais, aux pesticides... La Terre peut nourrir tous ses hommes[9], et si 850 millions ne mangent pas à leur faim et 2 milliards sont aujourd'hui mal nourris, ce n'est pas pour des raisons techniques, mais économiques et politiques. Ce raisonnement global demeure exact, même si la température moyenne de la planète augmente de 2 °C. Toutefois, dans cette hypothèse, les pays qui souffrent déjà de famine, comme les pays du Sahel, risquent de voir leur situation alimentaire s'aggraver encore : la sécheresse devrait s'étendre, alors que la population augmente et que ces pays disposent de peu de devises pour acheter des aliments sur le marché mondial. La terre cultivable est un bien rare, la concurrence entre production d'énergie à par-

---

8. En France, la population active agricole est passée entre 1946 et aujourd'hui de 36 à 3 % de la population active totale !

9. Déjà en 1980, alors que les rendements étaient beaucoup plus faibles qu'aujourd'hui, quand je dirigeais le Centre de prospective du ministère de l'Agriculture, j'avais calculé que les États-Unis seuls pouvaient nourrir 4 milliards d'hommes.

tir de la biomasse et production de végétaux pour la consommation animale et humaine a déjà commencé, ainsi : « Au Mexique, qui s'approvisionne aux États-Unis, le prix des tortillas à base de maïs a augmenté de 14 % en un an, les cultures américaines se dédiant de plus en plus à la production d'éthanol[10]. » Il est vrai que le plein d'un 4 × 4 requiert la même quantité de maïs que celle requise pour nourrir une personne pendant un an ! Les pays pauvres seront les premiers à souffrir, cela a commencé.

Le fait qu'il soit techniquement possible de nourrir tous les hommes ne veut pas dire que cela serait facile ou bon marché : l'agriculture, grosse consommatrice d'énergie, doit par ailleurs évoluer. Les voies à explorer ne peuvent être limitées à l'extension de l'agriculture biologique. Il convient d'abord de se pencher sur les méthodes qui permettent d'éviter les labours ou celles encore qui contrôlent par satellite l'état des cultures de chaque parcelle, afin d'utiliser à bon escient engrais et pesticides trop généreusement épandus. Des applications de l'écologie – scientifique cette fois et non plus politiques – sont également prometteuses comme les associations de plantes différentes sur un même sol ou une succession de culture au cours d'une même année. L'agriculture va redevenir une priorité : 9 milliards d'humains devront être nourris et les terres disponibles ne sont pas extensibles à l'infini.

Acheter les produits locaux en saison plutôt que de se nourrir de produits importés de l'autre bout du monde, voilà un comportement écologiquement responsable. C'est parfois vrai, toutefois une étude britannique vient de montrer que la moitié de l'émission de carbone

---

10. Hervé Kempf, « Nourrir 9 milliards de Terriens », *Le Monde*, dimanche 11, lundi 12 mars 2007.

induite par l'achat d'aliments l'était par le transport de proximité. Si donc, pour faire ses courses, on est conduit à parcourir le double de kilomètres pour acheter chez le producteur ce que l'on trouve aussi au supermarché, le résultat, du point de vue de l'effet de serre, est le même. Le transport par camion jusqu'à un marché, super, hyper ou de quatre-saisons, n'est donc pas toujours irresponsable et ce d'autant que certains produits importés de l'autre bout du monde, comme par exemple le mouton néo-zélandais, ont utilisé beaucoup moins d'énergie par kilo de viande[11] avant d'être abattus, si bien que le solde énergétique global peut être en faveur du produit qui vient de loin[12].

Construire une maison bien isolée est toujours bénéfique : l'énergie consommée en hiver est moins importante et l'on souffre moins de la chaleur en été. C'est exact, mais il est écrit qu'il n'est pas facile d'être « écolo ». En effet, si donc, pour des raisons d'économie d'énergie, on construit une maison parfaitement calfeutrée, cet isolement favorise le développement des acariens et donc les allergies, à moins d'utiliser de manière fréquente des insecticides. Si l'on reste chez soi, ce n'est pas non plus excellent pour la santé : outre les acariens, les émanations de peintures, de détergents, la cuisine au gaz dans de l'air confiné produisent une pollution interne à l'habitation souvent plus importante que la pollution urbaine, à moins d'ouvrir les fenêtres ; mais alors quel est le bilan global d'une isolation ?

Dans un tout autre domaine, les produits biologiques peuvent avoir un effet, mais le fait qu'ils soient « bios »

---

11. Ils utilisent beaucoup moins d'aliments du bétail.
12. « Good food ? If you think you can make the planet better by clever shopping, think again. You might make it worse », *The Economist*, December 9th, 2006, p. 9.

ne veut pas dire qu'ils soient aussi sans danger. Le jus de citron est à la fois un spermicide et un antiseptique capable de détruire le virus du sida, mais, quand il est efficace, il détruit aussi les cellules du vagin. Il est donc sans danger quand il est inefficace et dangereux quand il l'est. Cet exemple simple illustre en quelques mots toute la difficulté de mettre au point un médicament efficace ayant également peu d'effets secondaires.

Mais l'exemple le plus flagrant de la pensée simpliste concerne l'alimentation. « Mangez des carottes, des brocolis, de l'huile d'olive, du poisson gras », dit-on, entre autres conseils, ignorant ainsi que le lien entre alimentation et santé est d'une extrême complexité. L'alimentation n'agit que très rarement seule sur la santé : une alimentation n'est déséquilibrée que compte tenu d'un mode de vie, chacun sait que l'alimentation « adaptée » d'un travailleur manuel n'est pas la même que celle d'un col blanc.

Par ailleurs, une alimentation inadaptée peut provenir d'un excès ou d'une carence :

– d'un micro ou macro nutriment (sel, sucre, vitamine par exemple),

– d'un aliment,

– mais le plus souvent de l'alimentation elle-même et pas tant des produits qui la composent.

Il est donc dangereux de focaliser l'attention sur les aliments alors que, le plus souvent, c'est l'alimentation qui compte. On voit les effets d'un tel raisonnement, notamment en Amérique du Nord : les produits sont « sains », sans traces, mais l'alimentation quotidienne est inadaptée au point d'inspirer le dégoût : frites et ketchup à tous les plats, un « petit » steak, haché ou pas, pèse une demi-livre. Un hamburger frit – oui cette horreur existe – servi dans un restaurant de La Nouvelle-Orléans en 2007 avec sa mayonnaise, ses frites, son ketchup et sa moutarde constituait un plat de 14 000 (quatorze mille) calories !

Si parfois une alimentation inadaptée peut provoquer une maladie, comme l'absence de vitamine C le scorbut, mais ce cas est une exception. Le plus souvent, non seulement l'inadaptation pathogène n'a d'effet qu'à un terme plus ou moins long[13], mais cette pathogénie passe par l'intermédiaire d'un dérèglement du corps, mesuré par un facteur de risque, dont l'évolution ne dépend à son tour que très rarement de la seule alimentation. L'hypertension artérielle, le poids, le taux de cholestérol sanguin, le mauvais métabolisme des sucres (diabète) en sont des exemples. Ces facteurs de risque induisent la probabilité de survenue de telle ou telle maladie, mais le lien, ici à nouveau, n'est pas causal. Il s'agit de « facteurs de risque » et non pas, comme l'industrie pharmaceutique voudrait aujourd'hui nous le faire croire, de maladies. « Rien ne justifie que, aujourd'hui, des millions de Français (autour de 6 millions probablement) consomment à longueur d'année des médicaments anticholestérol dans l'espoir d'améliorer leur espérance de vie. [...] Contrairement à une opinion partagée par de nombreux experts, et relayée par des médias peu critiques, l'importance du cholestérol sur le risque de décès prématurés ou sur l'espérance de vie a été considérablement surévaluée. [...] Force est de constater que les effets des statines sur la MTC (mortalité toute cause) sont soit non significatifs soit très faibles. [...] Les statines et la réduction des concentrations sanguines de cholestérol n'ont pas d'effet significatif sur le risque de mort subite cardiaque (environ les 2/3 des décès dus

---

13. On disait autrefois des bourgeois qu'ils creusaient leur tombe avec leurs dents, c'est aujourd'hui plus souvent le cas des personnes de milieu plus modeste, mais, quoi qu'il en soit, cette image montre que les conséquences morbides d'un comportement n'apparaissent que plusieurs années, voire plusieurs décennies plus tard.

à des maladies cardiaques)[14].» Les facteurs de risque (cholestérol élevé, hypertension) ne sont pas des maladies mais leur surveillance permanente permet à l'industrie pharmaceutique d'avoir une clientèle en traitement ininterrompu, et aux admirateurs de Jules Romains de constater que son docteur Knock était bien un personnage prémonitoire : la santé est devenue « un état précaire qui ne laisse présager rien de bon ». On se soigne et on médicalise tout, l'alimentation notamment.

Certes, une alimentation inadaptée peut produire à terme de l'hypertension qui, elle-même, accroît le risque de certaines maladies cardiaques, cela est indéniable et empiriquement démontré, mais il s'agit de deux suites de relations probabilistes dont l'effet n'est pas systématique et ne se manifeste qu'à terme.

Une inadaptation alimentaire peut provenir :
– d'une carence en certains nutriments,
– d'une sous ou d'une surconsommation de certains aliments,
– d'une alimentation trop pauvre, trop riche ou déséquilibrée,
– d'habitudes alimentaires erratiques,
– d'un mode de vie qui n'est pas ou plus en rapport avec les habitudes alimentaires.

Il n'est pas facile de donner des règles générales en matière d'alimentation. Il y en a peu et elles sont imprécises car, pour reprendre un ouvrage de Marian Apfelbaum, nous sommes des « mangeurs inégaux[15] », autrement dit, pour une même ration alimentaire et un mode de vie comparable, certains grossissent, d'autres pas. Ainsi des sportifs, pratiquant la même discipline,

---

14. Michel de Lorgeril, Patricia Salen, « Cholestérol, mortalité et espérance de vie », *Cholé-Doc*, n° 99, janvier-février 2007.
15. Marian Apfelbaum et Raymond Lepoutre, *Les Mangeurs inégaux*, Stock, Paris, 1978.

ayant le même poids et des performances comparables, ingèrent des rations qui varient de 1 à 3. Est-ce la flore intestinale ? L'héritage génétique ? L'un et l'autre ? Autre chose ?

En alimentation plus n'est pas mieux ; ainsi les vitamines, indispensables jusqu'à un certain seuil, peuvent être toxiques à forte dose. Les cures de vitamines sont d'autant moins nécessaires que les personnes qui les pratiquent sont celles qui, par ailleurs, en ont le moins besoin, consommant par ailleurs suffisamment de fruits et de légumes. « Un traitement avec du bêta-carotène, de la vitamine A, et la vitamine accroît la mortalité[16]. » Oui, les cures de vitamines sont dangereuses pour la santé. Qui l'eût cru ? Qui le dira dans la grande presse ?

Aujourd'hui, les recommandations universelles pour une alimentation adaptée sont donc très limitées et relativement pauvres :
– il faut manger,
– il ne faut pas trop manger,
– il ne faut pas manger trop gras,
– il ne faut pas manger trop salé,
– il ne faut pas manger trop sucré,
– il faut manger des fruits et des légumes,
– il faut faire de l'exercice, mais pas trop[17].

On reconnaît que le régime qualifié de « méditerranéen » ou de « crétois[18] », qui consiste en une grande consommation de fruits et légumes, d'huile d'olive et de poisson, est proche d'une alimentation « idéale ». Encore faut-il, là encore, ne pas trop manger et surtout pouvoir s'offrir un tel menu : le poisson comme les fruits et

16. G. Bjelakovic *et al.*, « Mortality in Randomized Trials of Antioxidant Supplements for Primary and Secondary Prevention », *JAMA*, February 28th, 2007.
17. De l'ordre de trente minutes de marche.
18. Il serait également utile de savoir pourquoi l'obésité se développe aujourd'hui tant en Crète. Le régime a-t-il changé ?

légumes sont onéreux. La population contrainte de s'adresser aux merveilleux Restos du Cœur souffre à la fois de carence et d'obésité[19].

Loin des recettes simplistes, c'est à chacun de trouver un équilibre, toujours provisoire, compte tenu de son mode de vie, de son budget, de ses désirs, de ses plaisirs et... de ses contradictions. Tous ceux qui, à un moment de leur vie, ont désiré suivre un régime savent que si les mécanismes de la marche avant pour les obèses sont connus, la marche arrière est difficile à trouver et à l'inverse les anorexiques savent perdre du poids mais ont du mal à en gagner. « Les régimes sont la maladie dont ils prétendent être le remède[20]. »

Une croyance en l'omnipotence de la médecine

Que la médecine soit devenue enfin efficace, personne n'en disconviendra et, comme beaucoup de mes contemporains, j'en suis émerveillé ; à titre personnel, reconnaissant.

Il me semble, en outre, important de souligner ici la grande qualité de la médecine française. Cette appréciation se fonde à la fois sur un sentiment personnel, l'opinion de nombreux médecins étrangers rencontrés durant trente-cinq ans de carrière et le résultat de quelques études comparatives, encore trop peu nombreuses. Toutes vont dans le même sens et parfois au-delà : un doyen de faculté de médecine danoise me confiait, après quelques verres de bon vin il est vrai : « Vous êtes la seule alternative crédible à l'américanisation de la médecine mondiale »,

---

19. 30 % dans les deux cas, sachant que l'on peut être à la fois obèse et carencé.
20. Jean-Philippe Zermati, Gérad Apfeldorfer, *L'Homnivore*, Odile Jacob, Paris, 2006.

laquelle en effet n'a pas que des avantages. Les chercheurs français sont réputés, même s'ils publient moins
que leurs collègues américains pour des questions de
langue, de culture et d'incitation pour leur carrière. Les
chirurgiens français sont à l'origine d'importantes découvertes qui reçoivent moins de publicité que celles faites
en biologie fondamentale alors qu'elles sont, pour les
malades, tout aussi précieuses. L'essentiel des innovations
en chirurgie endoscopique ont été françaises[21]. La chirurgie orthopédique, dont je peux personnellement louer
l'efficacité, a fait école, y compris aux États-Unis, il en est
de même de la très grande école de chirurgie viscérale.

Les étrangers soignés en France louent avant tout la
qualité des cliniciens. Ainsi selon Lynn Payer, journaliste
au *New York Times*, les cliniciens français paraissent
atteindre un juste équilibre entre les Américains qui
interviennent trop et trop tôt et les Britanniques, excellents certes, mais qui interviennent trop peu et trop tard.
Les Américains pratiquent la médecine comme ils font la
guerre : ils agissent d'abord et voient ensuite, jugeant
impensable de ne pas agir. « Ils prennent l'activité pour
la réflexion et confondent l'action et le résultat. [...] Une
personne encore "normale" est une personne qui n'a pas
été examinée à fond dans un hôpital universitaire[22]. » Ce
comportement activiste est favorisé par l'opinion et les
tribunaux alors que, à l'opposé, les tribunaux britanniques, comme l'opinion des sujets de Sa Majesté la
Reine, favorisent par prudence l'absence d'intervention.
C'est ainsi que, à âge identique, le taux d'interventions
chirurgicales aux États-Unis est supérieur au taux français, lui-même supérieur au taux britannique, car il est

---

21. Malheureusement, les appareils qui permettent de la pratiquer sont allemands ou japonais, mais ceci est une autre histoire.
22. Lynn Payer, *Medecine and Culture*, First Owl, Henry Holt and
Company, 1996.

vrai qu'au grand scepticisme britannique à l'égard de la médecine s'ajoutent de longues listes d'attente pour la chirurgie qu'ils qualifient « de confort » : prothèse totale de hanche, cataracte...

L'organisation des urgences à la française (le SAMU mais aussi les pompiers et la police) a fait école dans le monde sans qu'aucun système étranger n'ait encore atteint pour tous, partout, le même type de couverture efficace, gratuite et universelle.

L'organisation de la psychiatrie est également un modèle qu'envient les étrangers. « Dites bien chez vous que le secteur psychiatrique est unique, merveilleux, sans équivalent », déclarait à New York, à des Français, un professeur de psychiatrie de l'Université Columbia qui venait de passer son année sabbatique en Touraine. Il est vrai que la gratuité, l'organisation géographique du secteur, l'offre de plusieurs modalités de prise en charge selon l'état du malade en font une référence enviée. Certes ces heureux principes sont très inégalement appliqués selon les secteurs, certes il manque aujourd'hui la passion des créateurs de cette politique, ce supplément d'âme qui fait toute la différence ; mais s'il convient peut-être de faire revivre la psychiatrie française, elle n'est pas à inventer.

Admiratif, je tente cependant de garder les yeux ouverts et de reconnaître que beaucoup de maladies n'ont pas encore de thérapeutique efficace, que le vieillissement est inéluctable, que la vieillesse n'est pas affaire médicale, que le corps ne peut pas être indéfiniment réparé, que de porter un diagnostic précis ne veut pas dire que l'on soit toujours capable de soigner, que la vie demeure une maladie mortelle, et que le fonctionnement du corps humain joue parfois des tours en prenant des détours insoupçonnés. Ainsi, n'ayant plus de maladie infectieuse à combattre, le corps se retourne contre lui-même. « Ce sont toutes les maladies par hyper-immunité, notamment les maladies auto-immunes, qui ont augmenté de fréquence dans les pays développés. [...] L'étude plus fine de la distribution de ces maladies fait ressortir l'importance de l'environnement sanitaire de la qualité de l'eau de boisson, de la chaîne du froid pour les aliments périssables, des conditions de logement, suggérant le rôle protecteur des infections dont il est connu depuis longtemps, que la fréquence est très clairement augmentée par les mauvaises conditions sanitaires[23]. » Il faudrait donc aussi un peu d'infection ! Le lien entre extrême propreté et maladie auto-immune est clair, statistiquement important, et cette relation est démontrée tant sur les hommes que sur les animaux. Trop d'asepsie tue la santé ! Passionnant.

Le culte du corps conduit au contrôle des « déviants »

L'importance du culte du corps dans les sociétés contemporaines est évidente. Nous le pratiquons tous, avec plus ou moins d'assiduité ou de détermination, mais nous nous inclinons respectueusement devant ce nouveau veau d'or, admirateurs d'un corps dissocié de l'esprit, refoulant toute spiritualité aux limites de l'espace privé. Chacun doit en permanence se contrôler pour demeurer en bonne santé, on ne vivrait donc que pour vivre. « Toute référence à des idéaux collectifs tend à disparaître. Il y a une relation entre la survalorisation de la santé, de la prévention de certains risques sanitaires, de l'hygiène, et le fait d'être dans une société d'individus de plus en plus portés au narcissisme[24]. » Les

---

23. Jean-François Bach, séance solennelle de l'Académie des sciences du 28 novembre 2006.
24. Robert Castel, interview in *Panorama*, 2 avril 2007.

pécheurs, les « pas comme il faut », même quand ils s'autoflagellent, sont reconnaissables et à ce titre, c'est bien fait, punis. C'est au nom de ce culte du corps que l'on condamne les fumeurs, hospitalise les alcooliques, méprise les obèses, assimile la vieillesse à un déclin, se pique au Botox et regarde émerveillé les performances de la chirurgie esthétique des cobayes consentants de « *Relooking extreme*[25] ».

C'est en son nom que l'on légitime le contrôle des déviants, ceux qui sortent de la norme recommandée par les magazines de la « forme » dans tous les sens du terme. La personnalité conformiste, sans référence historique, « envahie par l'affirmation des identités privées[26] », si bien décrite par Marcel Gauchet, y trouve son terrain privilégié d'expression. Le corps aussi doit se conformer et, que l'on soit de droite ou de gauche, cette religion universelle s'impose.

Pourtant, en apparence dans le domaine de la santé publique, il existe un clivage profond entre les points de vue de la droite et la gauche, notamment en Amérique du nord. À droite, on y estime en effet que les hommes sont les seuls responsables de leur santé (ou tout au moins que celle-ci est du domaine privé), la santé publique n'existe alors pas : la société n'est pas concernée, seule la médecine peut avoir voix au chapitre, à moins qu'il ne s'agisse de l'autre, de l'étranger. On peut alors lui imposer sans vergogne toutes sortes de contraintes, à commencer par la quarantaine, ou le repousser aux frontières. En revanche pour les hommes de gauche, c'est la société qui est pathogène. La santé publique règne.

Se trouvent donc d'un côté ceux qui pensent qu'en cas d'abus les individus doivent être blâmés, de l'autre ceux

---

25. Série de télévision américaine qui transforme l'apparence de couples pour leur grande joie, celle de leur famille et des téléspectateurs du monde entier.
26. Marcel Gauchet, *La Démocratie contre elle-même, op. cit.*, p. 254.

qui estiment que c'est la société qui est responsable – y compris des comportements individuels – et que c'est elle qu'il faut réformer. D'un côté les « puritains » et de l'autre les tenants de l'« évangile social[27] », vieille dichotomie, vieux sujet qui sépare la droite de la gauche. Aux États-Unis, où le clivage est plus net qu'en Europe, le gouvernement de Georges Bush mène, dans ce domaine notamment, une politique puritaine. En France, si, pour ce qui touche à la sécurité publique, on trouve sans peine des « puritains », ils sont moins visibles en santé publique. Toute la classe politique est, dans ce domaine, de gauche. La société doit dépister, protéger, financer, organiser... Certes, dans beaucoup de domaines, financier notamment, je partage ce point de vue, mais jusqu'où doit-elle intervenir pour limiter le comportement de chacun et, ce faisant, se sentir « responsable » des uns et des autres ?

Mais, et c'est là où je voulais en venir, au-delà de ce clivage, il semble que les puritains et les évangélistes sociaux se retrouvent. Ils ne sont en désaccord que sur les méthodes, pas sur le fond. Les uns comme les autres condamnent les fumeurs, les buveurs[28], les tenants des sports qualifiés d'extrêmes. Le clivage est dans le qualificatif : « responsable » ici, « victime » là, mais dans les deux cas les alcooliques, les obèses, les tabagiques, les drogués sont mis à l'index. Bien entendu, je ne nie pas le fait que la société soit légitime pour prendre en charge les conséquences fâcheuses des comportements individuels, mais jusqu'où doit-elle condamner ou contraindre la liberté de ses membres au nom de la seule santé ? Quand le comportement de l'un est dangereux pour

---

27. Jim Morone, in David Mechanic *et al.*, *Policy Challenges in Modern Health Care*, Rutgers University Press, New Brunswick, 2005.

28. N'est-ce pas Dieu lui-même qui a remis l'actuel président des États-Unis Georges Bush sur le droit chemin alors qu'il était alcoolique ?

l'autre ? Certes, c'est notamment le cas de la conduite automobile en état d'ivresse. Quand les individus sont manipulés sans le savoir ? Peut-être aussi et notamment « quand les publicitaires se substituent aux instituteurs pour promouvoir le tabac, l'alcool, un aliment ou une voiture, ils peuvent nuire et mettre en route le "descendeur social", assurer la promotion du risque et se comporter comme des nuisibles[29] ». Je comprends ce point de vue, je sais que si la publicité existe c'est parce qu'elle est plus que de l'information : elle est d'une certaine façon irrésistible. Mais jusqu'où sommes-nous manipulés ? Jusqu'où sommes-nous incapables de décider ? En quoi sommes-nous irresponsables ? Jusqu'où enfin est-il efficace d'interdire ? George Bernard Shaw remarquait que l'Église avait beaucoup fait pour l'amour en en faisant un péché, ce qui conduit à se demander si le goût de l'interdit n'est pas justement une motivation principale des délinquants de la forme, des pécheurs sans aucun remords qui refusent de se conformer au diktat de cette nouvelle religion d'État. Les hommes ont-ils toujours envie de se faire du bien, de ne pas se détruire ? Si tel était le cas, comment expliquer alors toutes les formes de toxicomanie, certaines pratiques sexuelles et de nombreux comportements alimentaires ? Ne se font-ils pas du bien parce qu'ils se font du mal et, ce faisant, atteignent la société ?

Enfin, où arrêter les interdictions ? On peut par exemple décider que l'assurance maladie ne rembourse plus les accidents de ski ou ceux de parapente, mais le vélo et la marche sont aussi sources d'accidents. Pourquoi se limiter aux uns et ne pas progressivement interdire les autres ? Doit-on contrôler les déviants en limitant notre solidarité à leur égard sous prétexte qu'ils

---

29. Gérard Dubois, François Grémy, Claude Got, Albert Hirsch et Maurice Tubiana, « La vie d'autrui, un enjeu », *Libération*, lundi 22 janvier 2007.

se sont « mal » comportés ? Ainsi, au Royaume-Uni, une équipe médicale a refusé une transplantation cœur-poumon à un fumeur non repenti. « Ils doivent savoir se tenir ! (*They must behave !*) », comme ils disent. Terrible, mais il n'est pas impossible que demain, si les assurances privées se généralisent, elles n'assurent que ceux qui se comportent « comme il faut » !

Une mythologie du bonheur

Nous avons déjà remarqué que la définition de la santé par l'OMS[30] incitait à l'usage de drogue, car elle laissait entendre que l'on pouvait atteindre un « état de complet bien-être » permanent. Je ne sais pas ce que cette organisation entend par là, si c'est jusqu'à en perdre la tête, quelques secondes par an peut-être et encore les bonnes années ! Il est facile de s'en souvenir, le bonheur arrive quand on ne l'attend pas et s'en va sans crier gare. « J'ai reconnu mon bonheur au bruit qu'il faisait en partant », disait, avec son élégance enfantine, Jacques Prévert.

Les thuriféraires de la santé publique font donc croire en sa permanence, ce n'est pas leur moindre défaut. En effet, Jacques Ellul prétendait que ce qui définit la bourgeoisie, après le sens de l'adaptabilité, était la croyance de cette classe sociale au bonheur[31]. Pour elle, l'homme est sur Terre pour être dynamique, battant, pour réussir et le faire savoir, pas de faiblesse donc, pas de place pour le malheur non plus. Cette mythologie est récente : je réalise que je n'aurais jamais imaginé demander à mon père s'il était heureux. Il aurait trouvé une telle question déplacée et, s'il avait daigné me répondre, m'aurait traité

---

30. « Cet état complet de bien-être physique, psychique et social et pas seulement l'absence de maladie ou d'infirmité. »
31. Jacques Ellul, *La Métamorphose du bourgeois*, Paris, Calmann-Lévy, 1967.

d'inculte et renvoyé aux auteurs classiques, romains de préférence. Stoïque, il trouvait l'agitation contemporaine bien dérisoire.

Quoi d'autre, sinon cette mythologie, peut expliquer notre insatisfaction permanente et la consommation croissante de psychotropes ? N'est-ce pas là une des sources de la légitimité de ceux qui veulent intervenir sur notre santé, pour notre bonheur, bien entendu. Si la mort ne rythme plus notre vie sociale comme au temps de mon enfance bretonne, n'est-ce pas justement parce qu'il faut la nier et avec elle la souffrance, toujours au nom de cette même mythologie ?

La prédominance du droit

En matière de santé publique – ce n'est heureusement pas encore toujours le cas en médecine – le raisonnement est essentiellement juridique. L'économie est exclue, les raisonnements qui l'utilisent sont considérés comme obscènes.

L'OPINION. Monsieur, comment osez-vous nous parler d'argent, alors qu'il s'agit de santé ?

L'ÉCONOMISTE. Êtes-vous vraiment certain que cela n'a rien à voir ? L'argent dont on parle est le vôtre, celui de vos impôts. On pourrait peut-être réfléchir et se demander dans le cas précis qui nous occupe (l'amiante, la dioxine, les nitrates...), si les investissements actuels se justifient. Vous savez, l'argent dépensé ici n'est jamais dépensé là et, avec la même somme, on pourrait peut-être sauver plus de vies ailleurs.

L'OPINION. Mais comment osez-vous ? Il faut sauver toutes les vies.

L'ÉCONOMISTE. À n'importe quel prix ?

L'OPINION. Oui, bien entendu.

L'Économiste s'en va et pense en son for intérieur : N'importe quel prix, c'est n'importe quoi !

Mais il ne peut pas le dire en France. L'économie dans ce domaine n'a pas le droit à la parole, ce qui contribue notamment à ignorer toute référence empirique et toute chance d'établir un lien quelconque avec la réalité.

Les références empiriques sont ennuyeuses, prennent du temps, ne sont pas toujours comprises et nécessitent, nous l'avons vu, de savoir manier quelques statistiques de base. Pourquoi se fatiguer alors que l'on peut se retrouver sur le terrain familier des principes et se limiter à ne considérer que ce qui devrait être ? Le droit fait rêver, justement parce qu'il peut se faire sans lien avec les contraintes de la vie réelle. Le droit est en quelque sorte une mathématique sociale, un raisonnement dans l'abstrait qui s'apprécie par sa rigueur, voire, pour les connaisseurs, par sa beauté.

Le droit en outre, et peut-être surtout, permet aux politiques et aux fonctionnaires de marquer leur défiance à l'égard des acteurs du système de soins. Ils s'efforcent, par la règle, de prescrire leur comportement journalier tout en demeurant dans ce qui paraît politiquement correct et socialement acceptable : n'agissent-ils pas pour le bien des patients ? Ma longue éducation cléricale m'a conduit à me méfier d'instinct de tous ceux qui déclarent vouloir faire le bien[32], surtout quand ils imposent aux autres une forme de contrainte, notamment juridique.

Dans ce cas, ce n'est pas du bien qu'il s'agit, mais de contrôle, et là se trouve la source inépuisable de l'incontinence bureaucratique. Au nom de la sécurité des malades, elle impose aux agents des hôpitaux de respecter 43 familles de règlements[33], se souciant peu de leurs

---

32. On peut le faire, encore faut-il ne pas le proclamer.
33. Sécurité incendie, pharmacovigilance, hémovigilance, matériau-vigilance...

conditions d'application, de leurs conséquences économiques, pénales et bureaucratiques parfois tragi-comiques, souvent perverses. Comme toujours, tout est dans l'application. Ainsi, l'anecdote suivante illustre une conséquence classique de la bureaucratie tatillonne. Un de mes amis, respectueux des règles de la République et par ailleurs directeur d'hôpital, déclara un jour à l'autorité compétente qu'un des lits « fluidisé », destinés aux malades ayant de grosses escarres, avait chauffé les fesses de l'un d'entre eux. Il n'avait eu aucune brûlure, s'était levé et avait vite retrouvé un lit aussi efficace mais plus tempéré ; toutefois, signalait ce directeur, le thermostat du premier lit ne semblait pas avoir les qualités requises. Une fois le formulaire envoyé, rien ne se passe pendant un mois puis, un beau matin, trois inspecteurs[34] pénètrent dans son bureau, l'interrogent pendant des heures, menacent d'être mis en examen, rédigent un rapport diffamatoire et s'en vont. Curieusement, après cet incident, le matériel de cet hôpital, et de tous les établissements où cet ami a par la suite exercé ses fonctions de directeur, a toujours été (administrativement) sans aucun défaut !

Je ne suis ni opposé aux différentes formes de vigilance, ni un adversaire de la lutte contre les incendies, mais j'estime que les réglementations ont leur prix et que le résultat prime. La définition minutieuse de procédures onéreuses, non évaluées, simultanément inapplicables, voire même contradictoires, conduit à l'aliénation de ceux qui sont censés les appliquer et souvent, par un clin d'œil du destin, à ce que nous avons constaté à l'hôpital Georges-Pompidou, à savoir que trop de précaution nuit. Plus grave, la pluie de règlements augmente l'insécurité juridique (plus il y a de règles, plus il y a de délin-

---

34. Je pense toujours à un film de Francis Blanche où ce dernier se présente en disant : « Inspecteur Le Dur », sourire de l'inspecté, commentaire de l'inspecteur : « Oui, au début ça fait rire. »

quants), engorge les tribunaux et fait monter la grogne des acteurs. Les Français n'ont pas de conception empirique de la réglementation. Au Royaume-Uni, 10 %, oui dix pour cent, je ne me trompe pas de zéro, des budgets des nouveaux programmes sont consacrés à leur évaluation ; en France, rien ou presque. Pour être un bon directeur d'établissement et notamment assurer la continuité des soins, il faut donc enfreindre en permanence des règlements : le code des marchés publics, les procédures de recrutement du personnel, les normes du comité d'hygiène et de sécurité,... Dans tout hôpital, certaines portes de couloir restent ouvertes alors que l'on sait pertinemment qu'elles devraient être fermées si l'on suivait les injonctions des pompiers, mais on le fait parce que c'est plus simple ou plus humain (elles font du bruit à chaque fois qu'on les ferme et empêchent les malades de dormir). Les visites en dehors des heures d'ouverture sont tolérées, comme l'usage du téléphone portable... On se débrouille jusqu'au jour où il y a un procès. Heureusement que beaucoup de fonctionnaires ont le service public chevillé au corps ! Jusqu'à quand ?

Le droit enfin permet de trouver un responsable et le « je ne savais pas » est exclu du vocabulaire juridique. Le droit permet d'unifier le groupe en montrant du doigt le bouc émissaire. Nous avons vu que de très nombreuses crises de la santé publique venaient de notre méconnaissance ; dans l'affaire du sang contaminé, la justification aussi logique qu'épistémologique (on ne savait pas interpréter la séropositivité) n'a pas pu, dans de telles circonstances, être invoquée.

Des réponses inadaptées

Toute action publique est une théorie du changement social. Cette théorie, implicite ou explicite, indique en effet les paramètres sur lesquels la puissance publique compte jouer pour éviter un comportement indésirable, qu'il s'agisse de tabac, de conduite automobile ou d'alcool. Deux exemples simples de ces « théories », dont il n'est pas question ici d'analyser le bien-fondé, illustrent ce propos :

– la délinquance baisse quand on augmente le nombre de policiers,

– la consommation de tabac diminue quand le prix des cigarettes augmente.

Ces « théories » se distinguent en outre selon qu'elles souhaitent agir sur les personnes, sur le produit ou sur le milieu.

Changer les mentalités

En ce qui concerne l'action sur les personnes, les Français invoquent rarement leur raison, mais tentent de s'adresser à l'essence même de chaque homme, à sa « mentalité ». À longueur de discours, on entend, encore et encore, qu'il faut donc « changer les mentalités ». Si l'éducation façonne et parfois modifie notre vision du monde[35], je n'ai jamais pensé que l'on pouvait modifier les « mentalités », les connaissances certainement, les valeurs peut-être, mais c'est une autre histoire. J'estime en effet que les hommes sont rationnels et si leur comportement paraît socialement indésirable, c'est qu'ils ont leurs raisons à cela, pas toujours « bonnes », mais toujours de leur point de vue « raisonnables ». Bien entendu, le raisonnable des uns est la déraison des autres, mais en dehors des cas pathologiques, au nom de quoi vouloir changer une mentalité ? Au nom de quoi déclarer qu'ils pensent mal et qu'ils pourraient penser mieux sans d'ailleurs jamais préciser comment ? C'est une voie sans

---

35. Mais pas nécessairement les comportements, tous les fumeurs savent que le tabac n'est pas bon pour la santé.

issue : en matière de lutte contre le tabac, ce n'est pas tant de faire peur qui a eu un effet, c'est d'augmenter le prix des paquets de cigarettes et d'interdire de fumer, ce qui n'a rien à voir avec le changement de mentalité mais beaucoup avec la très rationnelle absence de profondeur de la poche, la peur du gendarme et, chez les femmes, non pas tant la peur de la mort que la crainte d'avoir une peau abîmée par une consommation régulière de tabac.

Bannir les « mauvais » produits

L'action sur les produits seuls, en dehors de toute considération de leurs usages, me paraît toute aussi bornée que la prétention d'agir sur les mentalités. Le projet européen « REACH » (Registration, Evaluation, Authorization and Restriction of Chemicals) en est un exemple. Certes, du fait des progrès de la chimie analytique, quand on cherche des traces de substances toxiques, on les trouve. Ainsi, de découvrir 35 traces de ces substances chez un enfant ne m'émeut pas particulièrement ; je pense qu'on les trouverait chez moi et chez tout autre homme ou femme à l'esprit ménager et bricoleur. Bien entendu, en principe il n'est pas impossible qu'il y ait une certaine toxicité de certains de ces produits, à certaines doses – nous en avons longuement parlé –, mais 30 000 substances chimiques, et prévoir d'en bannir à terme de l'ordre de 4 000, si les industriels sont incapables de démontrer leur innocuité, me paraît donc très discutable. Certes, je partage avec certaines branches du mouvement écologiste le principe de substitution, l'évidence même : si entre deux produits ayant le même effet, l'un est toxique et l'autre moins ou pas du tout, c'est le second qu'il faut privilégier. Mais les écologistes laissent entendre que l'interdiction doit se faire à n'importe quel prix pour l'industrie : la santé des Européens serait en jeu. Ils affirment en outre qu'un tel rejet économiserait, en trente années, 50 milliards d'euros au système de soins des pays européens. Nous avons vu sur quelles données fragiles sinon farfelues[36] étaient bâtis de tels raisonnements. Aucun Européen ne verra jamais la couleur de ces milliards d'euros, mais si ces produits ont une quelconque utilité, ce qui semble être le cas puisqu'ils ont un marché, c'est l'usage du produit qu'il faut réguler. Il en est ainsi en matière de médicaments, ils sont toxiques parce qu'efficaces, il faut les autoriser et ne les utiliser que de manière appropriée.

Tout est opinion

Pour conclure ce chapitre en revenant sur une idée qui m'est chère, la croyance aux bienfaits de la science médicale s'accompagne d'une critique fondamentale de la démarche scientifique. Paul Feyerabend n'est vraisemblablement pas un nom familier de tous les lecteurs. Ce philosophe des sciences a pourtant profondément influencé un courant de la pensée contemporaine. Il a prôné « l'anarchisme épistémologique », considéré qu'il n'y avait pas de méthode spécifiquement scientifique : « tout est bon » quand on fait de la recherche, disait-il. Il a également critiqué l'arrogance des scientifiques à l'égard des autres formes de connaissance et surtout considéré qu'il n'y avait aucune raison de donner un statut particulier au savoir scientifique. Pour lui la science est une idéologie comme une autre, une religion en quelque sorte.

Le lecteur aura pu constater que je n'étais pas un de ses disciples fervents même si, avec lui, je reconnais que les scientifiques, ou ceux qui se prétendent tels, peuvent être arrogants et dépasser le champ de leur compétence, soit en changeant d'ordre soit en poussant leurs conclu-

---

36. L'hypothèse d'immortalité notamment.

sions au-delà des limites permises par leurs travaux.
Toujours est-il qu'en renvoyant les découvertes des uns
aux opinions des autres, il n'y a plus de moyens de progresser dans ce qui était jusqu'ici le domaine de la
connaissance scientifique. À son « tout est bon » répond
un « tout se vaut ». Tout serait donc affaire d'opinion.

Je suis persuadé du contraire : tout ne se vaut pas, tout
n'est pas affaire d'opinion. Mais si tout se vaut, pourquoi
se plonger dans les détails d'une expérience ? Pourquoi
se forcer d'avoir en tête des ordres de grandeur ?
Pourquoi consulter les scientifiques, alors que l'on a sous
la main les *people* de la politique ou du spectacle qui
peuvent donner leur avis sur les mécanismes du réchauffement de la planète, les bienfaits des extraits de soja ou
le danger des OGM ? J'ai tenté ici de montrer où conduisait un tel dévoiement de la pensée, et notamment le respect des écologistes politiques, ainsi l'absence de réaction
du milieu médical quand un candidat à la présidence de
la République prétend que les OGM « font souffrir le
fœtus », ou la croyance que nos maisons sont aussi dangereuses qu'un laboratoire de chimie. C'est grâce à la
pensée rationnelle que les hommes des pays riches vivent
vieux et, d'un point de vue matériel, bien.

9

Quelques idées simples pour jouir du présent et craindre l'avenir

Somme toute, le siècle des Lumières a tenu ses promesses. Ceux qui ont cru au progrès se sont battus pour la primauté de la raison, ont mis leur vie en danger pour la liberté d'opinion, ont permis que les démocraties s'installent, ont fait de leur descendance des privilégiés en quelques générations à peine. La « main invisible » d'Adam Smith a fait son office : la motivation de chacun, fût-elle égoïste, a contribué à la richesse de tous. Cette richesse collective a permis que se réduisent les inégalités. Chaque habitant d'un pays social-démocrate partage, à l'instar de saint Martin, non pas la moitié de son manteau mais pas loin de la moitié de son revenu[1]. Le communisme, à l'exception de la France, n'est plus qu'un sujet de recherche historique ou philosophique[2]. Les Occidentaux conservent leur influence... « Jusqu'ici ça va » ! Ça va même bien, mais cette satisfaction pourrait être celle de la personne qui, tombant du 40ᵉ étage, faisait cet heureux constat en passant devant le 20ᵉ.

---

1. Les prélèvements obligatoires représentent 44 % de la production intérieure brute en France.
2. En 1980, à l'époque où le parti communiste récoltait 20 % des suffrages des électeurs français, Coluche lançait cette devinette prémonitoire : « Quelle est la différence entre le beaujolais nouveau et le parti communiste ? » ; réponse : « Le beaujolais fera toujours 12°5. »

Mon inquiétude ne vient pas de ce que l'on peut prévoir dans le domaine de la santé. Sans être d'un optimisme béat, je crois que l'espérance de vie des Occidentaux va continuer de croître. Les Européens, grâce aux Européennes, vont prendre modèle sur les Japonais et rechercher, avec l'âge, la frugalité et l'exercice physique dont on sait qu'ils contribuent à une croissance significative de l'espérance de vie. Je suis plus inquiet pour les Américains et tous ceux qui les imitent : 65 % d'entre eux sont en surcharge pondérale, 30 % sont obèses[3], leur espérance de vie croît lentement et pourrait stagner.

Pour tous les humains, on peut, en outre, espérer que quelques découvertes viennent accroître l'arsenal thérapeutique et surtout que, dès aujourd'hui, les connaissances et produits disponibles soient accessibles à chacun et non pas seulement aux plus favorisés.

Mon inquiétude provient de ce que je ne vois pas dans quelle circonstance politique pacifique l'idéologie mondiale changerait au point d'abandonner la croissance économique comme seule mesure du succès des nations. Je ne vois pas comment l'industrie de l'argent pourrait accepter de perdre son pouvoir et la spéculation mondiale s'interrompre du jour au lendemain[4]. Je ne vois pas au nom de quoi il serait décent d'expliquer à un ménage chinois ou indien qu'il ne peut plus, du fait du réchauffement de la planète, jouir des bienfaits des machines à laver, des aspirateurs, des plaques électriques, des écrans plats ou des automobiles. Je n'imagine pas encore comment l'on pourrait inciter les pays équatoriaux pour qu'ils interrompent leur déforestation. Je ne sais pas comment, en quelques décennies, il est envisageable de transformer le mode de vie énergivore des États-Unis avec ses maisons

---

3. Pour la France, ces chiffres sont respectivement de 20 % et de 4 %.
4. 80 % des fonds placés dans le monde restent en moyenne une semaine sur un placement.

individuelles, dans des banlieues immenses et des transports aériens permanents... Il faudrait un siècle pour transformer des infrastructures de cette importance !

Mon but n'était pas ici de reprendre les excellents rapports ou ouvrages récemment publiés sur ce sujet, mais de donner quelques informations pour que les craintes nées de nos fantasmes se déplacent vers des questions sérieuses et que, enfin, les écologistes politiques soient remis à leur place par des arguments écologiques. Ces informations sont tirées notamment des publications de Jean-Marc Jancovici ou du rapport de l'économiste britannique Nicholas Stern :

– le réchauffement de la planète est dû à l'effet de serre et l'essentiel (61 %) de cet effet de serre est produit par le gaz carbonique, l'autre contributeur majeur étant le méthane (19 %),

– les émissions de gaz carbonique augmentent, nous l'avons vu, du fait de la production d'électricité d'énergie fossile (charbon, fuel, gaz) pour 28 %, de la déforestation pour 18 % et des transports pour 13 %,

– pour stabiliser l'effet de serre, l'émission de gaz carbonique devrait être de 500 kg par personne et par an, autrement dit ce qu'un passager émet pour un aller et retour Paris-New York ou 5 000 kilomètres dans une petite voiture. Pour ce faire, en prenant les consommations de 1998, les Américains devraient diviser leur émission par 11, les Allemands par 7, les Britanniques par 5 et les Français par 4[5].

La position très particulière de la France vient du fait qu'elle produit 95 % de son électricité grâce au nucléaire et aux barrages hydrauliques, qui ne contribuent ni l'un ni l'autre à l'effet de serre. De ce point de vue, ce sont des énergies « propres ». Donc, toute fermeture d'une centrale nucléaire et son remplacement par des centrales

---

5. Jean-Marc Jancovici, *L'Avenir climatique*, Le Seuil, Paris, 2005, p. 187.

au gaz augmentent très significativement l'effet de serre ; en revanche, toute baisse de la consommation d'électricité en France le diminue à peine (1/20ᵉ) mais, à l'inverse, tout remplacement d'un produit pétrolier par de l'électricité le réduit. En conséquence, contrairement à ce que proclamaient, en janvier 2007, les écologistes parisiens, la construction d'immeubles de grande hauteur dans Paris diminue l'effet de serre...

En attendant, personne n'imagine que la consommation mondiale de pétrole puisse baisser tant les produits dérivés de cette ressource fossile sont au cœur des sociétés développées : il ne s'agit pas seulement de transport et de chauffage mais aussi de tous les matériaux tirés du pétrole et notamment les matières plastiques. Si l'offre de pétrole peut encore croître pendant un quart de siècle, les experts s'attendent à un pic autour des années 2030, et chacun craint, sans le dire, que le charbon prenne ensuite le relais. Certes on recherche des méthodes d'enfouissement du gaz carbonique, mais tout le gaz carbonique n'est pas enfouissable, les zones de séquestration ne sont pas infinies et, pour l'instant, le captage du gaz carbonique produit par un baril de pétrole ou son équivalent coûte 40 dollars !

Rappelons en outre quelques bases de physique et d'économie :
– l'électricité ne se stocke pas,
– les éoliennes ne fonctionnent que quand il y a du vent, si bien que, pour la même puissance installée[6], les centrales nucléaires fabriquent quatre fois plus d'énergie utile que les éoliennes et coûtent, pour la même énergie disponible, dix fois plus. Pour produire 1 % de l'électri-

---

6. La capacité théorique de production ne dépend que de la volonté de l'homme pour le nucléaire, mais pour les éoliennes et les piles, elle dépend de la nature.

cité française, il faudrait installer 25 000 éoliennes... Une nouvelle centrale nucléaire, la centrale « EPR », coûte 3 milliards d'euros, pour produire la même énergie avec des éoliennes, il faut donc aujourd'hui dépenser 30 milliards d'euros, autrement dit presque 2 % du PIB, soit la croissance d'une année !

– quand on compare l'énergie produite par l'hydrogène liquide et par l'essence il faut, à énergie comparable, un réservoir 40 fois plus grand, ce qui laisse peu de place aux passagers et aux bagages...

– l'énergie produite par la combustion d'un litre d'alcool est inférieure à celle produite par un litre d'huile,

– pour produire des engrais et des pesticides, il faut non seulement du pétrole mais de l'énergie...

On peut d'ores et déjà conclure que si l'énergie nucléaire ne peut pas résoudre à elle seule toute la question de l'énergie (et notamment celle des transports individuels), elle est la seule source pouvant significativement répondre à la demande croissante, sans aggraver l'effet de serre. Cette contribution potentielle est estimée à un tiers de la demande nouvelle. Nous avons vu, par ailleurs, que le nucléaire civil, depuis sa naissance, avait été moins fatal, Tchernobyl y compris, que l'industrie du charbon en une année, pour nous limiter à cet exemple. On doit par ailleurs remarquer que les OGM, dans la mesure où ils seraient sélectionnés pour utiliser moins d'eau, moins d'engrais, moins de pesticides, contribueraient efficacement à la réduction de l'effet de serre et à la bonne utilisation des ressources hydriques. Quand on est soucieux de l'avenir de la planète, on ne peut donc qu'être avocat des OGM et de l'énergie nucléaire.

Cela ne suffira cependant pas pour que les humains puissent continuer à vivre comme ils le font. C'est une transformation globale de la société qu'exige la modification du climat. Paradoxalement donc, si l'on n'apprivoise pas cette énergie, le drame sera climatique et pourrait être nucléaire en cas de conflit armé pour le contrôle des dernières sources d'énergie fossile.

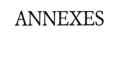

ANNEXES

Annexe 1

Espérance de vie et dépenses de santé en 2003

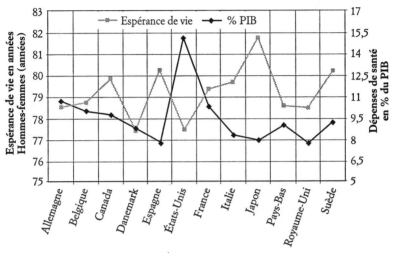

Source : Éco-santé-OCDE, 2006

Annexe 2

Évolution de l'espérance de vie à la naissance depuis la fin des années 1930 en Ukraine, en Russie, en France, aux États-Unis et au Japon, d'après les données disponibles avant reconstitution pour les années antérieures à 1959

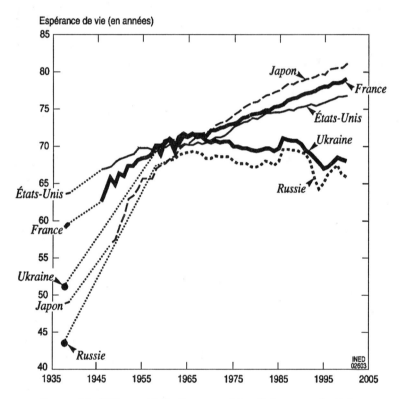

Source : Meslé France, Vallin Jacques, « Mortalité et cause de décès en Ukraine au XXe siècle », Paris, Ined, Puf, 2003, cahier n° 152

Annexe 3

Contributions de sept grands groupes de causes aux gains ou pertes d'espérance de vie à la naissance entre 1965 et 2000 en Ukraine et en Russie, et entre 1965 et 1999 en France

Groupes de causes	Hommes			Femmes		
	Ukraine	Russie	France	Ukraine	Russie	France
Espérance de vie en 2000 (1999 pour la France)	62,0	58,8	74,8	73,4	72,1	82,3
Espérance de vie en 1965	67,6	64,0	67,5	74,6	73,3	74,7
Gains ou pertes						
Maladies infectieuses	0,07	0,18	0,30	0,35	0,34	0,15
Tumeurs	− 0,33	0,10	− 0,01	0,02	0,27	0,61
Maladies de l'appareil circulatoire	− 3,04	− 2,98	2,86	− 1,80	− 1,79	3,46
Maladies de l'appareil respiratoire	0,63	0,46	0,66	1,05	0,81	0,81
Maladies du système digestif	− 0,40	− 0,14	0,68	− 0,13	− 0,05	0,47
Autres maladies	− 0,41	0,10	2,04	− 0,18	0,19	1,63
Morts violentes	− 2,14	− 2,92	0,85	− 0,51	− 0,97	0,46
Total	− 5,62	− 5,20	7,39	− 1,20	− 1,20	7,59

Source : Meslé France, Vallin Jacques, « Mortalité et cause de décès en Ukraine au XXe siècle », *op. cit.*

Annexe 4

Mortalité violente dans une sélection de pays en 2000

	Nombre annuel de morts violentes (milliers)	Taux de mortalité violente (pour 100 000 habitants)	Proportion de décès violents parmi l'ensemble des décès (%)
Russie	319	221	18
Ukraine	74	149	10
Kazakhstan	18	119	15
Colombie	43	105	24
Brésil	115	76	13
France	44	75	8
Japon	75	59	8
États-Unis	151	55	6
Suède	4	48	4
Allemagne	34	41	4
Royaume-Uni	20	33	3

Source : OMS, 2003

Annexe 5

Variations du taux de décès par suicide
selon le sexe et l'âge en France

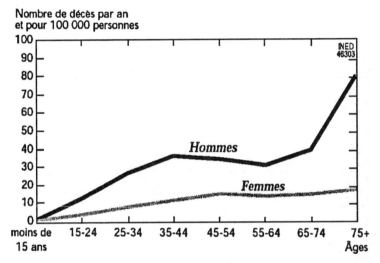

Source : Inserm/CepiDc (Article Chesnais)

Annexe 6

Les femmes avec baccalauréat par département

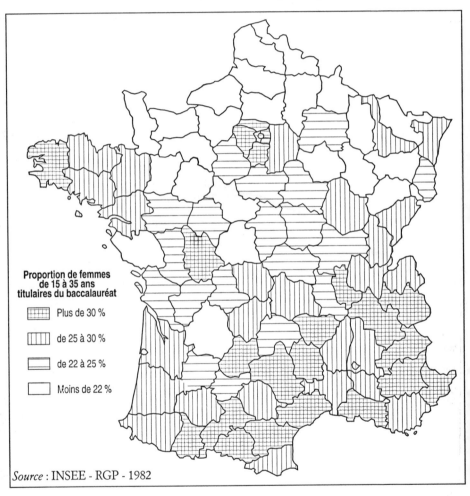

Proportion de femmes
de 15 à 35 ans
titulaires du baccalauréat

Plus de 30 %

de 25 à 30 %

de 22 à 25 %

Moins de 22 %

Source : INSEE - RGP - 1982

Annexe 7

L'espérance de vie à la naissance en 1975

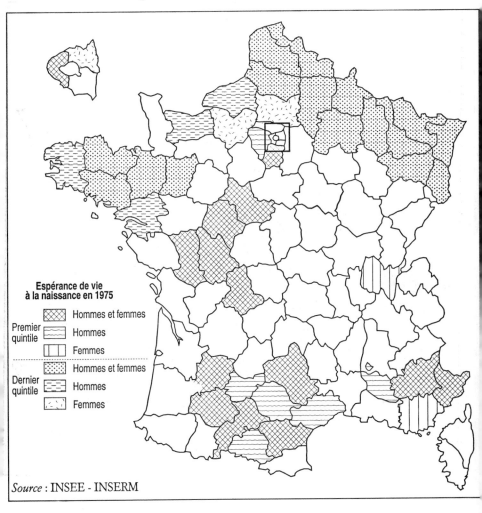

Espérance de vie
à la naissance en 1975

Premier quintile
- Hommes et femmes
- Hommes
- Femmes

Dernier quintile
- Hommes et femmes
- Hommes
- Femmes

Source : INSEE - INSERM

Annexe 8

L'espérance de vie à la naissance en 2000

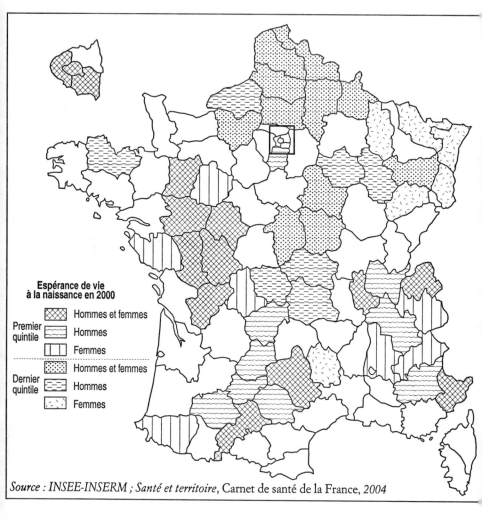

Source : INSEE-INSERM ; Santé et territoire, Carnet de santé de la France, 2004

Annexe 9

La transition épidémiologique en France

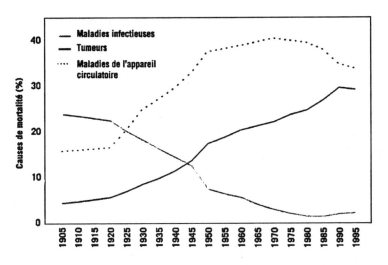

Source : INSERM

Annexe 10

**Risque relatif pour les fumeurs et les ex-fumeurs et fraction
de la mortalité attribuable au tabagisme par causes de décès
pour les femmes et les hommes, Canada, 1989**

Causes de décès	CIM	Risque relatif		Décès attribuables	Total des décès	Fraction attribuable
		Fumeurs	Ex-fumeurs			
Femmes						
Tumeurs de la tranchée, des bronches et des poumons	162	11,9	4,7	2 911	3 977	73,2
Cardiopathies ischémiques	410-414					
35-64 ans		3,0	1,4	697	1 740	40,1
65 ans et plus		1,6	1,3	1 817	17 841	10,2
Maladies cérébro-vasculaires	430-438					
35-64 ans		4,8	1,4	384	699	54,9
65 ans et plus		1,5	1,0	384	7 511	5,1
Pneumonie et grippe	480-487	2,2	1,4	510	3 445	14,8
Bronchite chronique et emphysème	494-492	10,5	7,0	334	479	69,7
Obstruction chronique des voies aériennes	496	10,5	7,0	1 211	1 757	68,9
Hommes						
Tumeurs de la tranchée, des bronches et des poumons	162	22,4	9,4	8 508	9 469	89,9
Cardiopathies ischémiques	410-414					
35-64 ans		2,8	1,8	3 029	6 408	47,3
65 ans et plus		1,6	1,3	3 934	19 380	20,3
Maladies cérébro-vasculaires	430-438					
35-64 ans		3,7	1,4	425	837	50,8
65 ans et plus		1,9	1,3	1 164	5 224	22,3
Pneumonie et grippe	480-487	2,0	1,6	921	3 201	28,8
Bronchite chronique et emphysème	480-487	9,7	8,8	907	1 083	83,7
Obstruction chronique des voies aériennes	496	9,7	8,8	3 006	3 589	83,8

Source : Collishaw, Neil E et LEAHY, Keith,
« Mortalité attribuable au tabagisme au Canada en 1989 »,
1991, Maladies chroniques au Canada 12(4), pp. 49-52

Annexe 11

Les sources de rayonnement

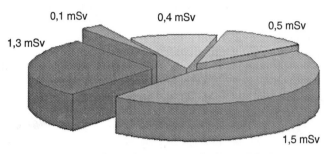

0,1 mSv   0,4 mSv   0,5 mSv

1,3 mSv

1,5 mSv

▨ Exposition moyenne d'origine médicale
▨ Activités industrielles
▨ Rayonnements cosmiques
▨ Rayonnements telluriques
▨ Éléments radioactifs inhalés (radon) ou ingérés

Source : UNSCEAR – Nations unies

Annexe 12

Évolution depuis 1965 des taux comparatifs de mortalité masculine à 1-14 ans par tumeur en Ukraine

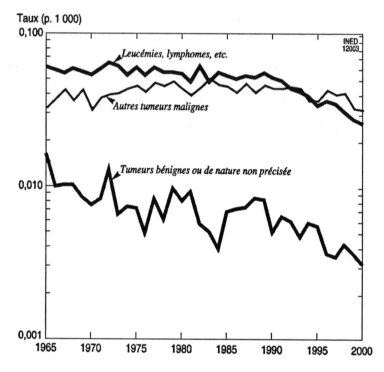

Source : Meslin et Vallin, *op. cit.*, p. 209

Annexe 13

Nombre de cas de maladies dues
à des maladies professionnelles

	Issue non fatale				Issue fatale	
	UE-12 Nombre			UE-15	UE-6	UE-15
	Total	Hommes	Femmes	Nombre extrapolé	Nombre	Nombre extrapolé
Total	33 331	23 937	8 253	53 527	1 362	5 950
1. Maladies provoquées par les agents chimiques suivants	360	268	92	599	22	97
10100 : Arsenic ou ses composés	.	.	.	7	.	31
10301 : Oxyde de carbone	7	.	12	.	.	.
10403 : Isocyanates	11	.	18	.	.	.
10600 : Chrome ou ses composés	115	100	15	190	5	22
10700 : Mercure ou ses composés	4	.	7	.	.	.
11000 : Nickel ou ses composés	68	.	113	.	.	.
11100 : Phosphore ou ses composés	20	28	40	33	.	.
11501 : Chlore	6	.	.	10	.	.
12400 : Formaldéhyde	28	12	16	46	.	.
12601 : Benzène ou ses homologues	5	.	8	.	.	.
12901 : « Amines aromatiques ou hydrazines aromatiques, etc. »	30	22	8	50	7	31
13500 : « Encéphalopathies dues aux autres solvants »	44	.	73	.	.	.
13600 : « Polynévropathies dues aux autres solvants »	6	.	10	.	.	.
Autres rubriques du groupe 1	16	.	29	.	.	.
2. Maladies de la peau causées par des substances et agents non compris sous d'autres positions	4 357	2 624	1 699	7 213	1 239	5 413
20200 : « Affections cutanées non considérées sous d'autres positions »	4 357	2 624	1 699	7 213	50	218

	Issue non fatale				Issue fatale	
	UE-12			UE-15	UE-6	UE-15
	Nombre			Nombre extrapolé	Nombre	Nombre extrapolé
	Total	Hommes	Femmes			
3. Maladies provoquées par l'inhalation de substances et agents non compris sous d'autres positions	5 535	4 862	652	9 165	1 239	5 413
30111 : Silicose	485	472	13	803	50	218
30112 : Silicoses associées à la tuberculose pulmonaire	4	.	7	.	.	.
30121 : Asbestose	738	718	14	1 222	101	441
30122 : Mésothéliome consécutif à l'inhalation des poussières d'amiante	1 168	1 109	53	1 934	328	1 433
30131 : Pneumoconioses dues aux poussières de silicates	35	.	.	58	.	.
30401 : Alvéolites allergiques extrinsèques	189	128	60	313	7	31
30402 : « Affection pulmonaire provoquée par des fibres de coton, etc. »	7	.	12	.	.	.
30406 : « Asthmes allergiques dus aux substances inhérentes au type de travail »	1 049	656	387	1 737	10	44
30407 : « Rhinites allergiques dues aux substances inhérentes au type de travail »	244	139	105	404	.	.
30501 : « Cancers des voies respiratoires sup. dus aux poussières de bois »	35	.	.	58	16	70
30600 : « Affections fibrotiques de la plèvre, etc., provoquées par l'amiante »	469	455	14	776	.	.
30700 : « Bronchite obstructive chronique, etc., des mineurs de houille »	996	.	1 649	595	.	2 955
30800 : Cancer de poumon consécutif à l'inhalation des poussières d'amiante	111	.	184	127	.	555
Autres rubriques du groupe 3	5	.	.	8	5	22

	Issue non fatale				Issue fatale	
	UE-12			UE-15	UE-6	UE-15
	Nombre			Nombre extrapolé	Nombre	Nombre extrapolé
	Total	Hommes	Femmes			
4. Maladies infectieuses et parasitaires	**526**	**337**	**189**	**870**	.	.
40100 : « Maladies infectieuses transmises à l'homme par des animaux, etc. »	26	18	8	43	.	.
40300 : Brucellose	149	133	16	247	.	.
40400 : Hépatite virale	202	138	64	334	.	.
40500 : Tuberculose	83	19	64	137	.	.
40700 : « Autres maladies infectieuses provoquées par le travail de prévention, etc. »	64	27	37	106	.	.
5. Maladies provoquées par les agents physiques suivants	**20 937**	**15 427**	**5 455**	**34 660**	**7**	**31**
50300 : Hypoacousie ou surdité provoquée par le bruit lésionnel	4 068	3 947	104	6 734	.	.
50501 : « Maladies ostéoarticulaires des mains etc., dues à des vibrations »	253	246	7	419	.	.
50502 : Maladies angio-neurotiques provoquées par les vibrations mécaniques	3 087	3 077	10	5 110	.	.
50611 : Bursite pré et sous-rotulienne	422	399	17	699	.	.
50612 : Bursite olécranienne	183	175	8	303	.	.
50621 : Maladies par surmenage des gaines tendineuses	5 378	2 698	2 680	8 903	.	.
50623 : Maladies par surmenage des insertions musculaires et tendineuses	4 585	3 165	1 398	7 590	.	.
50630 : « Lésions méniscales dues aux positions prolongées agenouillées, etc. »	316	312	4	523	.	.
50640 : Paralysies des nerfs dues à la pression	147	82	65	243	.	.
50645 : Syndrome du canal carpien	2 483	1 314	1 159	4 111	.	.
50800 : Maladies provoquées par les radiations ionisantes	12	.	.	20	5	22

Source : Population et conditions sociales, Eurostat, 15/2004.

Annexe 14

Le nuage de Tchernobyl

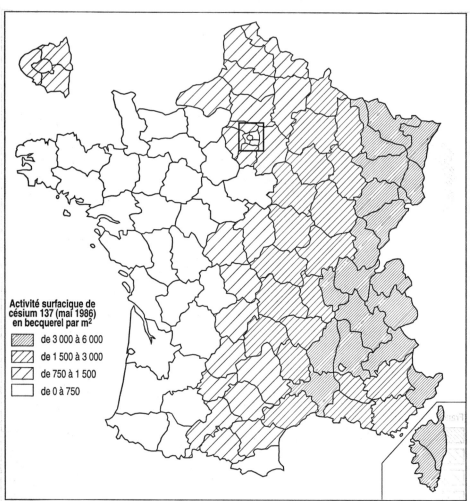

Activité surfacique de
césium 137 (mai 1986)
en becquerel par m²

de 3 000 à 6 000
de 1 500 à 3 000
de 750 à 1 500
de 0 à 750

Annexe 15

Indices comparatifs d'hospitalisation pour le cancer de la thyroïde

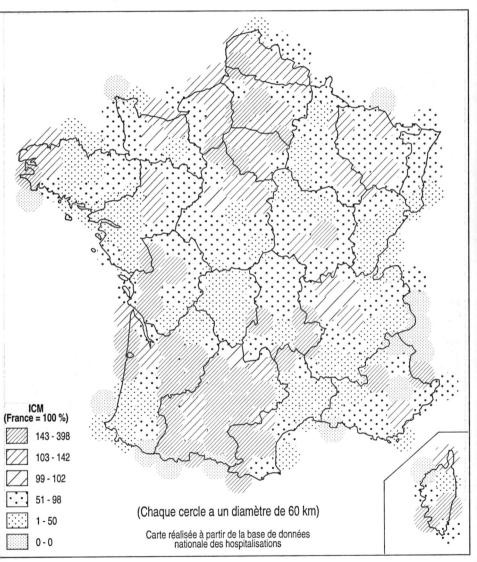

ICM
(France = 100 %)

- 143 - 398
- 103 - 142
- 99 - 102
- 51 - 98
- 1 - 50
- 0 - 0

(Chaque cercle a un diamètre de 60 km)

Carte réalisée à partir de la base de données
nationale des hospitalisations

Annexe 16

**Contributions de sept grands groupes de causes aux gains
ou pertes d'espérance de vie à la naissance
entre 1965 et 1999 en France**

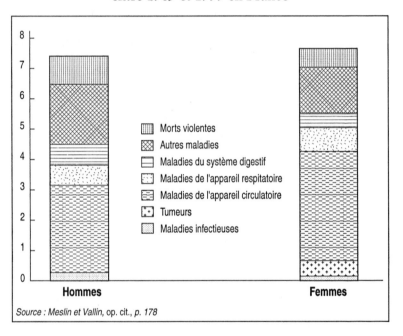

Source : Meslin et Vallin, op. cit., p. 178

Annexe 17

Cancer du sein :
risque de décès pour 1 000 Américaines sur dix ans

Âge	Mourir du cancer du sein *sans* mammographie	Mourir du cancer du sein *avec* mammographie	Éviter le décès *grâce* à la mammographie
50	6	4	2
60	9	6	3
70	13	8,5	4,5

Source : Welch H. Gilbert, *Dois-je me faire tester pour le cancer ? Peut-être pas et voici pourquoi*, PU Laval, 2005

Annexe 18

Cancer du côlon :
risque de décès pour 1 000 Américains sur dix ans

Âge	Mourir du cancer du côlon *sans* recherche de sang dans les selles	Mourir du cancer du côlon *sans* recherche de sang dans les selles	Éviter le décès *grâce* à la recherche de sang dans les selles
50	3	2	1
60	8	5	3
70	15	10	5

Source : Welch H. Gilbert, *Dois-je me faire tester pour le cancer ? Peut-être pas et voici pourquoi*, PU Laval, 2005

Annexe 19

Taux de mortalité toutes causes confondues dans les deux essais randomisés réalisés aux États-Unis

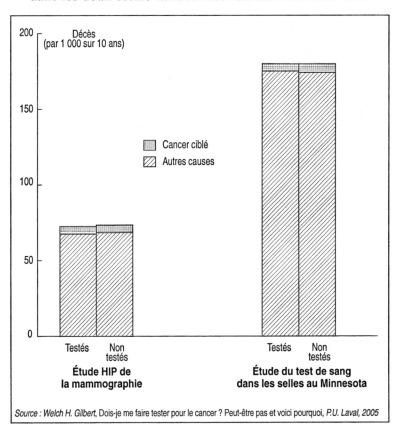

Source : Welch H. Gilbert, Dois-je me faire tester pour le cancer ? Peut-être pas et voici pourquoi, P.U. Laval, 2005

Annexe 20

Bénéfice potentiel du dépistage systématique
du cancer du sein en population générale

	Groupe d'intervention	Groupe contrôle	Résultat	Conclusion
HIP	Examen clinique des seins plus mammographie	Rien	Meilleur dans le groupe d'intervention	Un examen des seins est mieux que rien
Les essais suédois	Mammographie	Rien	Meilleur dans le groupe d'intervention	Une mammographie est mieux que rien
Canada 2	Examen clinique des seins plus mammographie	Examen clinique des seins	Pas de différence	La mammographie n'ajoute rien à un examen clinique *vraiment* bien fait

Remerciements

Je tiens à remercier Émmanuelle Bernheim, Catherine du Chatelet, Jacques Foos, Anne de Kervasdoué, Rémi Pellet, Jean-Louis Portos, Daniel Rondeau, Agnès Schweitzer, Dolio Sfacia, Olivier et Dominique Weil pour leurs commentaires. Ma reconnaissance chaleureuse va, une fois encore, à Françoise Lucas-Fontaine, documentaliste au CNAM, qui a activement participé à la constitution des références bibliographiques de cet ouvrage et relu ses nombreuses versions.

Les propos de cet ouvrage m'engagent seul.

Table

Table 253

Annexes

La photocomposition de cet ouvrage
a été réalisée par
GRAPHIC HAINAUT
59163 Condé-sur-l'Escaut

Achevé d'imprimer en août 2007
*par **Bussière***
à Saint-Amand-Montrond (Cher)

Dépôt légal : août 2007. – N° d'édition : 14204.
N° d'impression : 072924/1.

Imprimé en France